图书在版编目（CIP）数据

技术爆裂：Web3.0 对商业世界的 5 大改变 /（美）伊藤穰一著；宋刚，韩露荷译 . —北京：机械工业出版社，2023.11

ISBN 978-7-111-74129-9

Ⅰ. ①技…　Ⅱ. ①伊…　②宋…　③韩…　Ⅲ. ①电子商务 – 研究　Ⅳ. ① F713.36

中国国家版本馆 CIP 数据核字（2023）第 221447 号

机械工业出版社（北京市百万庄大街 22 号　邮政编码 100037）
策划编辑：顾　煦　　　　　　　责任编辑：顾　煦
责任校对：曹若菲　周伟伟　　　责任印制：郜　敏
三河市宏达印刷有限公司印刷
2024 年 3 月第 1 版第 1 次印刷
147mm×210mm · 6.5 印张 · 3 插页 · 90 千字
标准书号：ISBN 978-7-111-74129-9
定价：59.00 元

电话服务　　　　　　　　　　网络服务

客服电话：010-88361066　　机　工　官　网：www.cmpbook.com
　　　　　010-88379833　　机　工　官　博：weibo.com/cmp1952
　　　　　010-68326294　　金　　书　　网：www.golden-book.com

封底无防伪标均为盗版　　机工教育服务网：www.cmpedu.com

世界开始以全新的规则运转

现在，我正感到一种前所未有的激动。

这是因为，虽然迄今为止我们经历了互联网的出现和其他各种各样激动人心的事件，但新的科技即将带来重大的历史变革。

最近，我们听到"Web3.0""元宇宙""NFT"等词语的机会越来越多。或许有不少人会认为，这股热潮仅仅局限于部分科技迷之间，与自己无关。而互联网在最初也是如此。

我长年从事互联网事业的投资工作，也为推特（Twitter）等互联网创业公司的业务开展和成长提供了诸多帮助。我从 1984 年左右开始使用调制解调器（modem，俗称"猫"，一种网络连接装置），从此对互联网越来越熟悉，在——见证了 IT 历史的为数不多的日本人之中，应该也有我。

20 世纪 90 年代初，即使在我周围，谈论互联网的人也是屈指可数。到了今天，人人都能操作一只手就能掌握的终端（智能手机），并且时时刻刻都连接着网络，这已经成为一种理所当然。

互联网诞生已约有半个世纪，其全面普及也已 20 年有余。对绝大部分人来说，没有互联网的生活已经难以想象。

今后，Web3.0、元宇宙、NFT 也很可能会经历同互联网一样的发展过程。"没有它的时代简直难以置信""不能熟练使用的话会非常不便"，诸如此类的戏剧性变化，即将正式开启。

"工作方式""文化""身份""教育""社会治理"……这场巨变的浪潮将会席卷各个领域，没人能够置身事外。那么这种巨变究竟是什么样的？本书将就这一问题进行通俗易懂的解读。

此外，Web3.0 中有很多术语大家可能不熟悉，因此我将在序章介绍入门级的内容。已经有所了解的读者可以跳过序章，从第 1 章开始阅读。

详细的讲解将于后续章节进行。作为着眼点，首先我们来谈谈由 Web3.0、元宇宙、NFT 所引发的、诞生的大趋势。

Web3.0："管理、工作方式、组织"的前提将被颠覆

Web3.0 中包含众多元素，尤其值得注意的是，随着**区块链**这一新技术的出现，互联网在演进过程中逐渐被人们淡忘，"去中心化"这一方向再次成为人们的前进目标。

在网络的黎明期，全世界想要亲手发布信息的人自行搭建起 WWW 服务器，开始了信息发布。雅虎（Yahoo!）的诞生是如此，我建立的日本首家个人网站——"富谷"也是如此。无须报社、出版社以及广播电视台的帮助，人们就能在世界范围内发布信息，这具有划时代的意义。随

后，作为信息发布的新形式，人们开始热衷于寻找一个又一个"主页"，并乐此不疲。这些主页并不归属于一个中心，它们各自的服务器分散在世界各处。

接下来，大型公司和组织也参与进来，各国政府也纷纷设立起自己的主页。起初的主页感觉就像是一个人创建了一个"广播电视台"，但渐渐地，浏览早已准备好的信息成了主流。这就是Web1.0。

Web2.0可以说是使个体能够再次进行信息发布的一次尝试。以博客托管为代表，一些企业开始提供托管服务（出租服务器）。也是在这个时期，集体智慧开始受到大众关注，维基百科应运而生。

此外，SNS（social networking service，社交网络服务）也流行起来。随着用户数量的增加，为其提供交流场所的企业也逐渐壮大，就这样，平台诞生了。

不知不觉中，互联网黎明期时作为一大优点的去中心化结构已经演变为以少数平台公司为核心的中心化结构。

接下来是 Web3.0。人们通过区块链技术这一 Web3.0 的支柱进行了各种各样去中心化的尝试。

在这些尝试中，我们先来谈谈"DAO"（将在第 1 章详细阐述）。对大家来说，DAO 极具冲击力，它很有可能依据新的组织形态从根本上改变管理、工作和工作方式。

DAO（Decentralized Autonomous Organization），意为分散式自治组织。这种形态的组织并不遵循"经营者→员工"的上传下达模式，而是采取以全员参与为基础的去中心化的形式进行决策。不仅是公司，地方行政机构乃至国家行政机构或许有一天都会被这种全新的 DAO 式管理所取代。

元宇宙：因新冠疫情而结合的 Web3.0 与虚拟现实

元宇宙（将在第 3 章详细阐述）的定义虽广，但说到其衍生出的大趋势，答案却只能是虚拟现实（VR）。其实，"在虚拟现实中和他人进行交流或互动"这一想法并不新鲜。毕竟我在 20 世纪 90 年代上半期就一直在虚拟现实行业工作。

不过，该想法只在游戏玩家这一用户群体中才有一定基础。总的来说，这一想法在过去也曾差一点就成为热点话题，但它始终没能得到普及，就这样一直持续至今。

经历了以上种种，"虚拟现实"一词的热度如今被"元宇宙"所取代，显示出了蓬勃的发展态势。

其背景正是新冠疫情。众所周知，疫情下，远程办公得到推广，使用 Zoom 等软件召开线上会议也得到了广泛普及。比起在现实中见面，线上"会面"变得更加理所当然，在虚拟世界中"见面"的生理及心理障碍也因此有所减少。

Web3.0 相关人群也是如此。虚拟现实的大获好评，使得 Web3.0 的发展脉络中留下了虚拟现实的印记。

包括虚拟现实在内的元宇宙为人类提供了一个场所，在那里人们能够从自己的身体和属性中解放出来，进行超越时空的交流。随着元宇宙的发展，"真实＋虚拟"成为生活的常态，我们的身份和交流方式也一定会产生巨大的变化。

NFT："难以用金钱衡量的价值"将会具象化

第三个要介绍的是 NFT。2021 年，一位数字艺术家的 NFT 艺术品以约 75 亿日元（约 3.7 亿元人民币）的高价成交，想必不少人都对这则新闻有所耳闻。以此为契机，日本掀起了一阵 NFT 的热潮。

但实际上，那时大众还不太理解 NFT 究竟是什么。NFT 其实是 Non-Fungible Token 的首字母缩写，翻译过来就是"不可替代的**代币**"。迄今为止，数字化数据因为可以复制，人们一直认为它可以被替换。但通过使用区块链技术，人们能够创造出可数字化却无法被替换的产物，也就是说，它拥有独一无二的价值，详细讲解将在第 2 章进行。今后，不仅是艺术品，人们将会尝试把更多拥有唯一价值的事物转化为 NFT 的形式。

在现实世界中，有很多价值是无法用金钱衡量的，但只要借助 NFT 的机制，我们就能将其变为一个具体的数值，就连人类的想法、热情、信仰，乃至每日的善行和学位等非货币性价值也能够被具象化。

为了不被时代的变迁抛下，我们需要具备以下两种素质：第一是科技方面的素养，第二则是对于在科技的影响下社会将如何变化的"洞察力"。我们应该如何看待科技带来的新时代，应当用怎样的心态去迎接它？对于以上问题，如果各位读者能从本书中找到一些线索，作为作者，我将不胜欣喜。

伊藤穰一

前言　世界开始以全新的规则运转

世界将这样改变

Web1.0、Web2.0 和 Web3.0 引发了怎样的革命

回想起互联网的黎明期，仅仅是"连接"本身就足以让人兴奋不已。如今这种心情借助 Web3.0 再次复苏。让我们简单回顾一下互联网发展至 Web3.0 的过程。

Web1.0、Web2.0、Web3.0 有何不同？从结果上看，让我们从"谁被打倒"，即"被颠覆的对手"这一角度进行比较。

让我们回溯最初的互联网黎明期。互联网这一划时代的技术使网络（network）得以在全球范围内连接。事实上，当时还不存在所谓的 Web（万维网），人们联系的媒介还是电子邮件，且使用主体主要是大学以及研究机构。我们暂

且称这个时代为"互联网 0"。

在互联网 0 时代，日本的电信公司被颠覆。

当时日本的通信行业实际上是 NTT 一家独大。自从日本政府实施了"开放 NTT 的暗光纤"（尚未投入使用的线路）和"细化接入费用"（将电脑、互联网、接入商等分别划分到不同领域）等政策后，其他公司也有机会参与互联网事业。

在此基础上，人们迎来了 Web1.0 时代。这时被颠覆的是媒体和广告业。

Web1.0 时常在概念上被表述为"连接"。的确，只要有浏览器（一种能够在电脑或智能手机上浏览网站的软件），任何人都能发布并获取信息。万维网如同一张展开的大网，通过它，互联网将信息的发布者与接收者"连接"在一起。

在此之前，发布信息的渠道无非是纸质出版物和以电磁波为媒介的广播。而在 Web1.0 时代，人们可以越过"出版社、广播电视台"这些中介，直接通过主页使发布者和接收者相连。与此同时，更多人被吸引加入网络，从而使广告正式成为一种网络商业模式。

此外，**电子商务**（在互联网上进行交易）的普及也是Web1.0 的一大特征。

接下来是 Web2.0 时代。Web2.0 在概念上常被描述为"交互式"（双向）。这一时代，被颠覆的是**门户网站**。

在以雅虎为代表的门户网站中，每个网站内均设有各种内容的"入口"，用户会先访问该门户，然后跳转到自己寻找的内容中去。

门户网站流行于连接信息发布者和接收者的 Web1.0 时代，谷歌等搜索引擎会对网上的内容进行细化，并根据搜索关键词逐页匹配。而到了 Web2.0 时代，社交媒体的出现使得门户网站日趋衰弱。

说到底，Web1.0 只是一种"发布者→接收者"的单向信息传输模式。就在这时，一种更加以用户为主体的交互式网络空间应运而生。在 Web2.0 中，不再是某一方单方面发布信息，大多数的用户都可以书写自己的意见，分享个人体验。这就是被称为 SNS 的社交媒体。

例如，人们不再是首先访问门户网站，然后跳转至感兴趣的新闻链接里，而是在推特等 SNS 平台上直接点进自己关注的人或新闻来源所分享的链接中阅读新闻。想必各位读者也大多是通过这种方式来获取信息的吧。

被称作 CGM（consumer generated media，消费者自主媒体）的点评类网站也属于社交媒体的一种。众所周知，在餐厅点评网站上，一家餐厅的价值并不是由某些权威机构单方面决定的，光顾过该餐厅的顾客累积起来的口碑，也形成了对其实力的评价（如 3.5 星）。

在 Web2.0 中，信息入口就这样从门户网站转移到了社交媒体上。

虽说如此，但无论 Web1.0 的门户网站还是 Web2.0 的社交媒体，其架构都是"将用户集中于一处"。在某种意义上，雅虎、谷歌、推特、脸书（Facebook）都是将用户集中起来进行管控的平台。

就在这时，Web3.0 即将引起戏剧性的变化。

当下的关键词是"分散"

简单来说，Web3.0 和 Web1.0、Web2.0 的决定性差异就在于"分散化"或者叫"去中心化"。

Web3.0 的厉害之处正是让金融系统及组织治理等领域的各层级都发生了分散化（去中心化），不过，按照本书的脉络来看，使"将用户集中于一处"的平台逐渐失去力量也是其强项所在。

让我们将互联网分为"协议层"和"应用层"进行思考。

技术性说明暂略不表。**协议层**系统化了计算机间通信时的步骤［如 HTTP（网络信息交换的通信标准）和 FTP（文件传输的通信标准）］，也就是互联网的基础设施。应用层则利用互联网机制为人们提供各种服务。

正如人们的生活建立在水和燃气等社会基础设施上一样，大家日常使用的谷歌、脸书等应用层平台也建立在协议层这一技术基础设施之上。

Web1.0、Web2.0 是资金集中于应用层的时代。这一点我们从以下公司中也可轻易得知——称霸世界的主要公司"GAFA"⊖［包括谷歌、亚马逊（Amazon）、脸书（现在的Meta）等］，然而，协议层中从一开始就没什么公司。

在 Web3.0 中，这种"厚应用层位于薄协议层之上"的架构却被彻底逆转。这是中心化平台即将被颠覆的预兆（见图 0-1）。

Web3.0 的重要基础设施是"区块链"。简单来说，区块链就是一种"使用加密技术，将结算（支付）等交易历史像链条一样串联起来进行记录（任何人都可浏览该记录）"的技术。Web3.0 的协议层中包含"**以太坊**"。而在其上的

⊖ Facebook 改名为 Meta 后也有人称这些公司为"GAMA"。

应用层中则包含 NFT 游戏 *Axie Infinity* 以及 NFT 交易市场 OpenSea 等，这是 Web3.0 的架构。

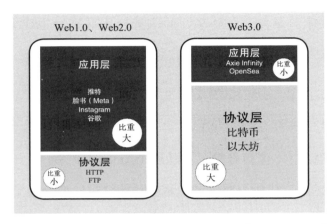

图 0-1　Web1.0、Web2.0 和 Web3.0 在层价值上的比重差异

与 Web1.0、Web2.0 时代相反，Web3.0 时代的特征是资金更多地集中在协议层，而不是应用层。

我虽然使用了"资金集中"这样的表述，但问题的本质并不在于哪一层更为富有。

在应用层占上风时，我们基本不可能把在一个平台上搭建的网络或进行的交易带到另一个平台上。

以 SNS 为例，脸书有脸书的账户，推特有推特的账户，人们会为每个 SNS 创建账户，关注他人或是被他人关注。然而这种关系网不能带到其他 SNS 平台上，这是因为我们的关系网其实并不属于自己，而是属于平台。

但在 Web3.0 中，作为个人交易记录的代币会统统被区块链记录下来，比如人们持有的 NFT 数字艺术品等。说到底，区块链只是一种基础设施，它不属于任何一个应用，因此可以不受应用束缚，将数字艺术品带到任何平台。

假如我们在 OpenSea 上购买了一件数字艺术品，在 Web2.0 及之前的世界中，我们只能在 OpenSea 平台上对其进行操作。然而在 Web3.0 中，在购买的一瞬间，该艺术品的代币就已经存进我们自己的钱包（用来存放被区块链记录的代币）中了。

换言之，其所有权归购买者所有。因此，只要连接自己的钱包，在其他 NFT 交易市场上也能对 OpenSea 平台购买的数字艺术品进行交易操作。

就这样，协议层变厚，应用层变薄，平台间的壁垒逐渐被打破。而这又意味着什么呢？

简言之，这意味着平台集中用户的能力可能会变得相对薄弱。

Web1.0 和 Web2.0 中的平台都是先提供一个场所，再将用户集中起来，这相当于中心化的做法。而 Web3.0 弱化了这种属性，这意味着平台和用户之间关系的"去中心化"。可以说，Web3.0 将我们从平台的束缚中解放出来了。

世界是否会走向反乌托邦化

读到这里，各位或许会产生如下疑问："我已经大概了解 Web1.0 到 Web3.0 的发展史了。那么 Web3.0 究竟好在哪里？它就没有任何风险吗？"

在此，我给各位分享一张 Web3.0 的利弊汇总表（见图 0-2）。

尽管这些弊端可能让大家一下子感到心灰意冷，但我认为，比起弊端，各位更应该着眼于其可能性，研发能够解决这些弊端的技术，努力使 Web3.0 完全成为现实。

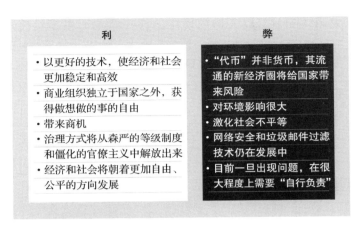

图 0-2 Web3.0 将带来什么

事实上，尽管还未广为人知，但已经有一部分人注意到了 Web3.0 的可能性，并以各种形式参与其中。此时，他们正洋溢着一股巨大的兴奋感，这种氛围和 20 世纪 90 年代的 Web1.0 时代颇为相似。

当然，Web3.0 也并不是完全没有风险。

我首先能想到的就是网络犯罪的风险，如黑客攻击网络非法提取巨额资金。2022 年 3 月底就发生过这样一起事件。当时，NFT 游戏 *Axie Infinity* 背后的区块链基础设施遭到黑客攻击，导致价值约 6.2 亿美元（约 44 亿元人民币）

的以太币（ETH，以太坊内使用的虚拟货币）和美元被盗。

今后，进入 Web3.0 的日本人越多，日本人蒙受巨大损失的事件也就越容易发生。

此外，也有人指出 Web3.0 存在的风险："Web3.0 会强化资本主义恶的一面，使经济差距越来越大。"这一点我将在后文详细说明，但不可否认，从人们参与 Web3.0 的方式来看，以上担忧的确有可能成为现实。

但是，因为存在风险和问题就选择忽视并远离吗？考虑到 Web3.0 的可能性之大，我认为这种选择未免太过可惜。

我们可以在避免风险的同时，利用 Web3.0 进行一些尝试，因此需要具备一些相关素养。在此方面，如果本书能够对你有所帮助，我将倍感荣幸。

为什么 2022 年是"Web3.0 元年"

Web3.0 中形成了一个新经济圈——"**加密经济**"。

与法币经济不同，加密经济是个人、组织及其资产以分散、自主的方式流动的经济圈，其中多数项目无须中心化管理者存在。（见图0-3。）

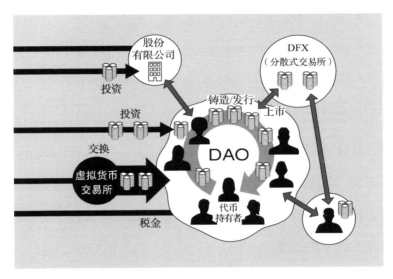

图 0-3　加密经济

流通于该经济圈的不是日元或美元等法定货币，而是加密资产（虚拟货币和代币）。对于加密经济的详细说明将于后文进行，而近年来的热门话题——NFT也是流通于其中的一种代币。

此外，还有允许人们在存入加密资产后进行自主管理的独立金融服务——"DeFi"，和通过交易代币来运行项目及应用（Dapps）的独特治理形式——"DAO"。

- DeFi：Decentralized Finance，分散式金融。
- Dapps：Decentralized Applications，分散式应用。
- DAO：Decentralized Autonomous Organization，分散式自治组织。

法定货币的世界被称为**"法币经济"**（fiat economy），那里的一切都是中心化的：经济和政治由国家管理，实行自上而下的决策；企业等组织的运营由经营者掌管，也实行自上而下的决策。

读到这里，各位可能会认为这是一个匪夷所思的怪异世界。但是，了解加密经济的由来是掌握和参与已经到来的 Web3.0 趋势的关键（见图 0-4），最重要的是，要享受其中的乐趣。

先前已经提过，区块链是 Web3.0 的重要基础设施。或许有不少人都抱有这样的印象——"虚拟货币就是使用区块链的比特币"。

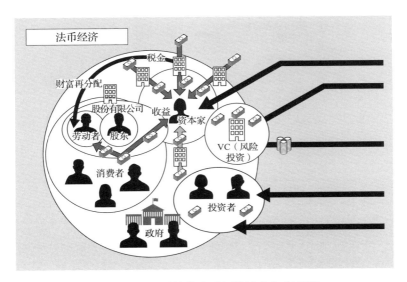

图 0-4　人口开始从法币经济流向加密经济

让我们回溯一下历史。2009 年 1 月，一个名叫中本聪的人提出了区块链概念，此后至 2016 年是比特币的创立时期（见图 0-5）。也就是说，早在十几年前，区块链理论和虚拟货币就已经存在了。那么为何人们还要将 2022 年称为"Web3.0 元年"呢？

从结论上来说，这是因为整个代币的市值急剧上升，与此同时，代币经济学也具备了形成的条件。

首先，NFT 在 2021 年风靡全球。

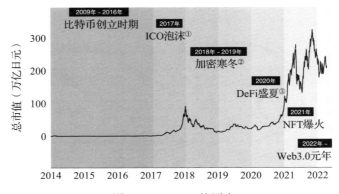

图 0-5　Web3.0 的历史

注：该图生成于 2022 年 4 月 20 日。

①在这一时期，ICO 作为一种筹集虚拟货币的方法受到了广泛关注，与此同时，诈骗案频繁发生。

②在这一时期，以 ICO 为契机产生的"虚拟货币泡沫"破裂，市场陷入低迷。

③在这一时期，各种各样的 DeFi 项目诞生，并且取得了飞速发展。

想必各位都对"Beeple"这个名字有所耳闻。2021 年 3 月，数字艺术家 Beeple 的 NFT 数字艺术品在美国佳士得拍卖行的一次在线拍卖中以约 75 亿日元的价格售出。[⊖]这一新闻迅速传遍世界，在日本也掀起了一阵 NFT 的热潮。之所以会掀起热潮，恐怕只是因为"易于理解"。

"有个叫 Beeple 的数字艺术家创作了一幅 NFT 数字艺

　　⊖　我国新闻报道中为 6934 万美元，约合 4.5 亿人民币。——译者注

术品，在传统拍卖行卖出了 75 亿日元的高价。"

"一个 9 岁孩子的数字艺术品 *zombie zoo* 总交易额达到 4000 万日元（约 200 万元人民币）。"

"在大火的 *NBA Top Shot*（一款 NFT 游戏）里，人们把记录着球员高光时刻的视频以 NFT 交易卡的形式进行交易，其中最贵的能达到几千万日元。"

诸如此类，NFT 的话题往往以视频或图片的形式出现，十分"生动形象"，媒体报道起来也很便利。这使得未曾接触过"区块链""虚拟货币"等话题的人也能迅速了解相关信息。2021 年 NFT 爆火在很大程度上是由于 NFT "易于理解"的一面借助媒体这一传声器得到了广泛传播。

总而言之，以 2021 年的爆火为契机，人们认为 Web3.0 时代在 2022 年正式拉开帷幕，这就是 2022 年被称作 "Web3.0 元年"的原因。

看了图 0-5，各位就会理解我刚刚提到的"整个代币的市值急剧上升"并非夸大其词。

人口加速流向加密经济

整个代币的市值急剧上升，意味着与之相应的资金流入了加密经济。

目前，以太坊在全球的唯一地址数量约为 2 亿个，也不排除有人同时拥有多个地址的可能性。如果我们将其视为现在加密经济的人口数量，那么全球 78 亿的人口中，约有 2.5% 的人正在加密经济领域进行一些经济和社会活动。

世界人口的 2.5% 左右，这个数字接近于 Web1.0 时代、1998 年 Windows98 发布前后的互联网用户数量。因此，尽管目前 Web3.0 还处于黎明期，今后人口将会加速流向加密经济。

在这里我要特别提到一个日本独有的现象，那就是流入加密经济的资金往往不会再回到法币经济中。

这是因为，将加密资产兑换回法定货币时不仅要向加密资产交易所缴纳手续费，在返回法币经济后最高还要上

缴 55% 的税金。与日本股票投资的最高税率 20.315% 相比，加密资产可谓是课以重税。⊖

　　加密资产交易所手续费＋税金这一双重收费会导致资产缩水，因此那些在加密经济中资产增长的人便不会特意回到法币经济，而是会将资金投入感兴趣的 DAO 项目的代币和 NFT，或是存入 DeFi 进行管理。

　　就这样，"产生于加密经济中的资产在加密经济中循环"这一现象正在大规模发生。

　　目前的情况是，尽管资金源源不断地流入加密经济，但由加密经济向法币经济的回流没有那么多。

代币纵横的世界

　　在这里，我有必要解释一下前文早已出现的"代币"一词。为了理解 Web3.0 的生态系统，它是不可或缺的概念。（见图 0-6。）

　　⊖　在本书撰写过程中，社会上对于税法改革仍是议论纷纷。

图 0-6　代币的种类

　　首先，代币可以分为可替代代币（可进行替代／交换）
与不可替代代币（不可进行替代／交换），可替代代币中包
含货币型代币和证券型代币。

可替代代币中的货币型代币又包括"稳定币""支付令牌／功能令牌"等代币。

比特币和以太币的价格波动很大，作为"金钱"使用并不方便。

因此，稳定币旨在通过将价格与美元等法定货币挂钩以稳定虚拟货币的价格。稳定币有多种工作机制，如固定与其他虚拟货币的兑换比率，利用算法调整代币的流通量等。

支付令牌，是用于结算的代币。它与法币经济中"金钱"的功能相同，因此很容易理解。

同样是可替代代币，证券型代币中还有一种"治理代币"。所谓治理代币，就是拥有对自己参与的 DAO 的投票权或收获返利的权利，其功能类似于表决权和股东分红，在法币经济中相当于"股份"。目前，其法律定位在世界上尚存争议。

随着项目发展和 DAO 升值，自己持有的代币的价值也会上升。这时你只要像卖股票一样将其卖出，就能赚取资本收益。由此可见，治理代币是名副其实的证券型代币。

不可替代代币，即 NFT，则是具有"不可替代价值"的代币，如艺术品、游戏项目、交易卡等具有收藏属性的商品、数字时装甚至虚拟土地等。

尽管人们往往将焦点集中到数字艺术品那令人瞠目结舌的高价上，但从本质上讲，将 NFT 理解为加密经济中流通的或被持有的"价值"才是准确的。

Web3.0 正是这三种代币纵横交错的世界。

例如，将自己持有的代币和稳定币配对存入 DeFi，DeFi 就会作为交易所产生流动性。它会不断地自动进行代币交换，我们可以从中获取代币形式的股利收入和佣金。

或者，假如你赞同"解决日本闲置房屋问题"这一 DAO 项目，决定出资参与其中，那么你只需要购买该 DAO 发行的治理代币即可。

DAO 中不存在"股东""经营者"和"员工"的区分，

大家都站在"代币持有者"这一相同立场上。当然，最早创建 DAO 的一批人自然是站在中心指点江山，但这里并不存在公司里的那种上下级关系。

DAO 不采用自上而下的决策方式，而是由全体参与者共同进行决策。

人们可以通过持有代币从而获得在 DAO 中投票的权利，换言之，就是参加治理。

顺带一提，代币也可以送给其他社区成员。比如，当你在 DAO 中参与专业领域之外的投票时，就可以将投票权直接委托给该领域的专家。

尽管许多人同时进行投票往往容易引起混乱和群体性愚昧，但只要能将权利委托给各领域的专家，讨论就会集中在专家之间，从而能产生更为正确的决定。虽然不是亲自参加投票，但将投票权委托给谁是由自己决定的，因此可以保证投票的代表性。

此外，当自己参与的 DAO 升值时，你也可以考虑将持有的代币卖出，以获取资本收益。

你甚至还可以在 NFT 市场买入喜欢的 NFT，待升值后再卖出，加密经济内的资金循环就这样发生了。当然，NFT 的价值是不可替代的，所以把 NFT 数字艺术品珍藏起来自己欣赏，或是用作 SNS 的个人头像也是很常见的。

单纯的"货币"——比特币，以"社区"为前提——以太坊

代币为人们提供了如此多样的价值，而代币得以发行的基础正是"以太坊"。

无论以太坊还是比特币，都是基于"加密技术"，它们利用了区块链的虚拟货币程序，但两者的思想背景完全不同。

比特币是世界上第一个利用区块链开发的虚拟货币，当然具有划时代的意义，其背景中存在一种自由主义思想。它是一种完全的去中心化虚拟货币，具有强大的安全保障。

考虑到诞生于 2015 年的以太坊带来的影响，我们可以说它具有与比特币不同的划时代性。

在这里，我希望大家了解到，Web3.0 的一大特征是"社区"占据了重要地位。可以说，有了在"以社区为前提"的思想背景下产生的以太坊，才产生了 Web3.0 这个货币型、证券型可替代代币与 NFT 纵横交错的世界。

有时我会在名为"BANKLESS"的播客上，听到比特币派和以太坊派之间的有趣辩论。

简单陈述一下概要。比特币派提出"以太坊（在安全方面不如比特币）要是失败了怎么办"，对此，以太坊派的回答是"通过协商解决问题"。比特币派又进一步回道"这种说法根本就是'去信任'（trustless）的"。这段辩论有趣的点就在于，两派秉持的思想不同。

比特币派所说的"去信任"指的是一种"不信任任何人"的思想，为此需要构建强大的安全保障以实现去中心化。而以太坊派则以去中心化的社区为大前提，认为"一旦出现问题，问题可以通过社区内部商量的方式解决"。在这一点上，双方的思考方式存在着根本分歧。

此外，比特币派的宗旨是"买进但不卖出"，与之相对，以太坊派则热衷于频繁买入和卖出平台上发行的各种代币。

例如，一个艺术家在卖出自己的 NFT 作品后，再用赚来的以太币去购买其他艺术家的 NFT 作品，这样以太坊就为艺术家们的相互投资创造了一个活跃且有趣的空间。同志、伙伴之间相互支持这一起源于"以社区为前提"的以太坊的思想，从此处也能窥见一二。

由于去信任和去中心化的特征，到现在为止，比特币只能主要作为一种"货币"发挥作用。与以太坊相比，人们很难使用比特币的程序语言进行操作和管理，在开发上存在难度。目前也有一些人在进行相关开发，希望能用比特币完成以太坊上可以实现的操作。

以太坊并没有像比特币一样将自己的功能局限于货币之中。在具备了"智能合约"（类似于数字合约，会自动执行预设程序，并在区块链上进行记录）等机制后，人们就可以在以太坊上开发各种各样的应用了。

简单来说，比特币是货币，而以太坊既有货币又是基础设施。

DAO、NFT、DeFi 等 Web3.0 的构成要素，都是基于以太坊这一基础设施才得以实现。可以说，以太坊通过区块链技术的使用，创立了以社区为基础的加密经济，同时为以"分散"为关键词的 Web3.0 中多种多样的经济及社会活动提供了可能（见图 0-7）。

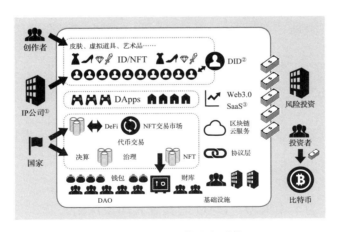

图 0-7　Web3.0 的生态系统

① IP 是 Intellectual Property 的缩写，IP 公司是指拥有商标、专利、著作权、域名等相关知识产权的企业。
② Decentralized Identity 的缩写，通过去中心化的 ID 管理系统，使得数据持有者能够对自己的属性信息进行操作。
③ Software as a Service 的缩写，是指用户通过互联网使用服务器上的服务。

如今，成为基础设施的区块链不仅有以太坊，还出现了一些运用不同技术方法的区块链。

从"阅读""书写"到"参与"

根据"以社区为前提"这一观点，让我们重新回顾一下 Web1.0、Web2.0、Web3.0 的变迁。

简言之，Web1.0 实现了全球"阅读"（read），Web2.0 实现了全球"书写"（write），Web3.0 则实现了全球"参与"（join）。一般来说，人们更常使用"拥有"（own）一词来形容 Web3.0，但我个人更倾向于使用"参与"（join）。

也就是说，在 Web1.0、Web2.0、Web3.0 这一发展过程中，可以实现的事并没有"改变"，而是"增加"了。

作为个中典型，DAO 尤其令人印象深刻。

为了一个目标创立 DAO，招募伙伴，和聚集起来的伙伴们一起商量、讨论、做出决定，在各自履行责任的同时经营项目，这就是社区参与。

DAO 中的参与者虽然也在"工作"，但其工作性质完全不同于法币经济中公司等组织中的工作。

首先，正如前文所说，DAO 中不存在股东、经营者和员工的区分。其运营并不依靠"决策方、雇用方"和"被决策方、被雇用方"这样的分工体制，靠的是全员拥有所有权，各自以自己的方式参与项目，做出贡献。

在 Web3.0 圈中，人们时常会提起"WAGMI"这一俚语。它是"We Are Gonna Make It."（或者 We're All Gonna Make It.）的缩写，意为"我们都会成功的"。其中传达了一种"让我们全体参与者一起实现目标，我们可以做到"的伙伴意识，丝毫没有"谁下指示，谁来听从"之意。这确实是一句充满 Web3.0 风格的俚语。

并且，NFT 的重点可以说是社区参与。

例如，"购买数字艺术品"这一行为中只能衍生出艺术家和买家这一种关系。进一步而言，买家在购买后可能只会自己欣赏。

但 NFT 就不同了。举个例子，购买**无聊猿游艇俱乐部**（Bored Ape Yacht Club，后文统称"无聊猿"，NFT 头像项目）**PFP**（用于个人头像的图片）的 NFT，就意味着参与"无聊猿形成的社区"。

或许举一个与艺术品不同的例子会更容易理解。

正如先前所说，NFT 是不可替代代币，因其性质与数字艺术高度兼容，所以才会首先在该领域迅速发展。事实上，还有更多事物可以被 NFT 化。

例如，我们可以将类似于"徽章"的东西 NFT 化，如果有人为社区做出了贡献，就可以将徽章颁发给他。

这样一来，社区内的行动都会被记录在区块链上，对于采取行动的人来说，获得的徽章与其说是自己的"所有物"，不如说是"参与"该社区的一个证明，即"我参与了这个社区，做出了这样的贡献"。

这和购买数字艺术品的 NFT 在本质上是相同的，即"参与"的含义要强于"拥有"。

实际上，持有无聊猿 PFP 的人可以享受各种好处，比如可以参加无聊猿主办的活动，或是优先购买和无聊猿合作的知名企业的 NFT。

人们持有的并不是单纯的数字艺术品，"持有"这个行为本身就具备特殊俱乐部会员的功能，可以带来各种各样的好处。

在新经济圈中解决社会问题

进入加密经济的人口越多，铜臭味也会不可避免地越发浓郁，这可能会导致该技术被别有用心之人利用，从而引发大规模诈骗事件，或者经济本身因其高度流动性而变得脆弱。

由于这些风险存在，我们无法断言"万无一失，前程一片光明"。然而，我深深感到，曾经在人们的印象中等同于"赚钱、投机"的虚拟货币会在以太坊创造代币这一概念后，成长到大型"经济圈"的规模。

我将用一个词来表述这种现象，就是前文提过的"参与"。

无数个体会在加密经济中有机地联系在一起，人们合作经营项目，加入某一社区，互相提升彼此价值。Web3.0 的影响可能在今后彻底颠覆现有的价值观和组织治理方式，这并不是在危言耸听。

只要有意愿，人们可以利用 DAO 和 NFT 来解决现有社会长期面临的一系列问题，如环境问题、经济差距、歧视和不平等。我们在后续章节也会讲到，如今已经出现了一些带有浓厚文化、社会浪潮色彩的行动。

决定未来走向的并不是科技本身。它取决于我们想要借助 Web3.0 的科技创造怎样的社会，取决于我们究竟该设定怎样的目标来迎接 Web3.0 时代。现在，这一问题正摆在我们眼前。

"元宇宙"为何方神圣

本书以 Web3.0、元宇宙、NFT 为三大关键词。

在 Web3.0 这一互联网新阶段中，加密经济的新经济圈将会形成，当中流通着以太坊创造的代币，2021 年大火的 NFT 也是代币的一种。以上内容均已介绍过了，剩下的就是元宇宙。

提起元宇宙，人们往往指的是"虚拟现实"，但其本义的范围更为广阔。

该词起源于美国小说家，同时也是我的朋友尼尔·斯蒂芬森（Neal Stephenson）于 1992 年发表的小说《雪崩》。该作品设定在不久的将来，描绘了在联邦政府被极度削弱的美国，在线上的虚拟空间——"Metaverse"（元宇宙）中生活的人们。

书中的元宇宙是一个虚拟空间，人们可以通过各种访问模式进入——有人通过家里的电脑，有人通过街上的公共终端。

书中的描写很有虚拟现实之感，任何人都可以毫无障碍地加入元宇宙，同他人进行交流，或进行物品和金钱的交易。

也就是说，在元宇宙的原始定义中，重要的是每个人都是线上虚拟空间的参与者，而不是虚拟空间被虚拟化。

如果我们按照这种方法来看待元宇宙，那么不仅是经常提到的虚拟现实，非虚拟聊天室（如 Discord）、3D 和 2D 游戏、SNS 甚至电子邮件都可以被视为元宇宙的一部分。然而，将所有单纯的交流空间都定义为元宇宙确实过于宽泛。

在线上进行虚拟货币和代币交易也是 Web3.0 的一大特征。因此，本书认为以线上交流为前提，进行价值交换的空间才是元宇宙的真正形态。

毫无疑问，各种最新技术的结合将会在今后掀起巨大的文化、社会浪潮。最终，范式转移将会发生。本书以 Web3.0、元宇宙和 NFT 作为关键词，正是出于这种对未来的展望。

今后世界将会这样

那么，在即将到来的 Web3.0 时代，世界究竟会变成什么样？

治理方式由自上而下型转变为自下而上型；消费由大企业主导下的大量生产、大量消费型转变为更加细分的关系型——社会各个方面都极有可能发生"Decentralized"，即分散化（去中心化）。

在这种情况下，Web3.0中产生的各种机制极有可能被用来解决以环境问题为代表的种种社会问题。

在某种意义上，Web3.0的氛围与20世纪60～70年代嬉皮士文化盛行时的美国氛围十分相似。

当时美国正处于越南战争时期，嬉皮士们试图反抗旧社会，创造新文化。同样，Web3.0一代也在反抗只重视经济的资本主义价值观，试图创造出全新的文化。他们不属于任何组织，在DAO中发挥自己的能力和技能，重视NFT无法换算为金钱的价值。

嬉皮士文化诞生于在旷日持久的越南战争中滋生的厌战情绪。而Web3.0之所以拥有与其相似的文化氛围，是因为在这个世界上，各种问题再度频发，如仍在恶化的环境问题、经济差距，再加上新冠疫情。这种背景下，笼罩在年轻人身上的是一种类似的情绪。笼罩着 Web1.0 和 Web2.0 的还是"互联网真有趣""SNS 好酷啊"这样的轻松氛围，但在 Web3.0 中能感到一种和社会变革紧密相连的强烈的文化能量。

但未来的实际走向仍然取决于人们的追求。根据实际情况的不同，或许还会有新的中心化出现。

例如，我们已经提过，支配性平台在 Web3.0 中将被削弱。但无聊猿这样的流行平台如果继续扩大其业务和社区，则可能会取代 Web2.0 中的两大支配者——谷歌与脸书母公司 Meta，成为新的支配者。

Web3.0 也并非充满了希望，也有人对其感到担忧。一方面，有人认为治理方式的变化有利于改善社会不平等现象；另一方面，也有人指出过度金融化会助长社会不平等。目前对于 Web3.0 的评价仍是两极分化。

总而言之，一切都离不开"可能"的范畴。因为科技是一种工具，想要使用该工具创造怎样的社会，这一目标最终还是由我们自己来决定。

只要将目标定为创造更加公正、平等、可持续发展的社会，再使用科技的工具，那么社会就会朝着更加公正、平等、可持续发展的方向前进，世界也将变得更美好。

就我个人的感觉来说，**Z 世代**（出生于 20 世纪 90 年代中后期～ 21 世纪 10 年代初期的人，又称互联网世代）没有那么强烈的物质欲望，但对于环境等社会问题有着更高的敏感度。在这一点上，他们和在经济高速成长期或泡沫经济时代[⊖]成长起来的人有着明显的区别。

鉴于此，我的预测是，随着代际交替，为了利用科技建立起一个更加公正、平等、可持续发展的社会，今后很可能会发生一次大型的范式转移。

⊖　日本泡沫经济时代是日本在 20 世纪 80 年代后期到 90 年代初期。——译者注

第 1 章

工作方式

工作将由"组织型"转变为"项目型"

商业将近似于"电影制作"

在 Web3.0 中，个人工作方式将不再"以组织为本"，而是"以项目为本"。

项目的主体就是 DAO。DAO 不是公司，而是依托于一个个项目而存在。因此，每个个体只要找到感兴趣的、想要为之做出贡献的 DAO，然后"参与"其中，就相当于在工作了。就像电影制作一样，不同作品组建起不同的制作团队，随后招募工作人员和演员。

如今，随着公司逐渐放开对员工副业、兼职的限制，"平行职业"一词逐渐为人们所熟悉。但在 DAO 中工作，甚至连"本职""副业"这样的概念都不存在。

发挥自身能力与技能的方式不止一种。加入 DAO 后，很多时候自己都是一个单纯的代币持有者，不用签订雇佣协议，因此同时加入多个 DAO 就变得理所当然。

那么，如果"自己创建一个项目"又会怎样呢？

如今 DAO 在法律中的定位十分微妙。从狭义上说，其功能是发行代币和筹集资金。事实上，日本对于代币的发行和上市都会课以重税（因此，一些颇有发展前景的日本初创公司，如区块链开发公司等，可能会奔向国外的怀抱。我将在后文再对这部分进行说明）。

由于以上理由，我不得不说，日本在现阶段还很难建立起 DAO。

如果你想建立一个项目，招募伙伴一起运营，就只能自己发行代币，它不同于加密资产交易所中流通的代币，无法兑换为金钱。

现在我正经营着名为"Henkaku"（意为变革）的社区，并在其中发行了我自己的代币——$HENKAKU。

DAO 最大的特点并不是伙伴聚在一起做事（比如校园

文化节），而是通过交换代币，从而衍生出某种新事物的社区。在这一意义上，如果一群人拥有同一个艺术家的 NFT 艺术品，那么他们的社区也可以称为一种 DAO。

一般情况下，创建一个公司需要雇用律师、制定章程、准备自有资金、申请银行贷款……费时费力又费钱。好不容易办好这一长串手续，成立了自己的公司，紧接着又要招募员工。在求职网站上发布招聘信息，再一个个面试，又是一个费时费力又费钱的过程。

但如果是 DAO，一切都可以在区块链上进行，从而可以省去大量的文书工作。发行自己的代币只需 5 分钟，搭建一个 Discord（语音聊天软件）的服务器只需 10 分钟。从体验上来说，这就像"在脸书上建个群"一样简单。

尽管建立过程十分简单，DAO 的安全性却很高。

想确定一个公司的业务及其可靠性，就要阅读其公司章程和财务报表。而 DAO 发行的代币则都记录在区块链上，它向所有人开放，且没有被篡改的风险。在这种意义上，比起一般的企业，DAO 在交易和记录方面拥有更高的透明度，其可信度有所保障。

现今，大部分的企业合规问题都与"透明度"相关，区块链则能完美解决这一问题。

此外，DAO 一经建立，其内部的项目管理就会变得极为高效，这也是 DAO 的魅力之一。

在"Henkaku"DAO 中，我们在待办事项清单上管理人们的任务，每当任务完成后，他们就会获得用 \$HENKAKU 支付的报酬。而建立这一系统几乎没有花费多少时间。

项目将拼起"拼图"

在 Web3.0 中，运营一个项目就像是把一片片拼图拼成"一幅画"一样。

与具备了各种功能的企业不同，DAO 只为一个目的、一个功能服务。一些 DAO 旨在运营项目，一些 DAO 则开发运行项目所需的基础设施和应用程序。因此，DAO 会根据需要将各种应用程序组合起来，并管理项目。

就像拼拼图一样，这个应用负责支付成员报酬，这个用来投票，那个用来讨论，各种工具被组合起来进行 DAO 管理。我们将其称为 Web3.0 的"可组合性"。

经营公司需要聘请会计师和律师，否则就需要面对一大堆诸如准备文件之类的杂事。但 Web3.0 中涌现出了许多用户友好型的应用程序。也就是说，在很多时候我们不需要找人或亲力亲为。

由于"D to D"（DAO to DAO）商业模式的存在，DAO 不需要具备所有功能，只须在必要的时候和其他 DAO 结合，单纯地发挥自己的功能就好。

如果越来越多的人利用这种商业模式建立起 DAO，那么就不再需要传统的律师、会计师了。也许会有一些人为了不在未来被淘汰，在科技领域刻苦钻研，从而成为专门研究智能合约的"加密经济专业人士"。

围绕着"管理""组织管理"的众多麻烦与困难得以减

轻，"管理层解决难题""员工听命办事"的金字塔式管理制度也将不复存在。而轻松和简单也意味着发展速度更容易提高。

更轻松、更紧密地走向成功

经常会有普通公司将业务委托给外包公司去做。过去，普通公司和外包公司之间的合同十分烦琐，但众包平台的建立简化了这一过程。

Web3.0 将分散平台从前所承担的功能，其中大部分将被 DAO 开发的工具所取代。或许有一天，像银行开户这样需要确认本人身份的手续也能交由 DAO 的工具来办理。

如此一来，DAO 之间的关系就与公司和公司间、公司和个人间的关系有了显著区别。

DAO 之间关系的产生相对随意，却明显更紧密。在公司里，交易结束就是结束，但在 DAO 中还存在着代币的交换。这就意味着，彼此的价值一旦上升，交换的代币价值也会随之提升，这样一来，"齐心协力走向成功"这一动机就会更强。

说到可组合性，率先发展起来的 DAO 有时会以投资的形式促进其他 DAO 的发展，或各 DAO 项目之间通过交换代币建立起联系，各自运行不同项目的 DAO 为了一个更大的目标，参与一个共同项目的情况也很常见。

此外，尽管存在法律尚未完善之处，但 DAO 之间的这种工作共担、协作和互助的模式已经在整个 Web3.0 中自然而然地运转。

在 DAO 中，股东、经营者和员工的结构将瓦解

DAO 中原本就不存在"部分人决定整体方针，其他人听从安排"的分工体制。也就是说，DAO 的创建者与因认同其观念而聚集起来的拥护者拥有同等的权利。对于这一点，想必各位已经有所了解了吧。

在股份有限公司中，利益必定会集中在股东和经营者

手中，员工、合同工以及兼职员工只能获取劳动报酬。

而在 DAO 中，"股东、经营者、员工、合同工、兼职员工"这一结构自开始就不存在。

为项目做出贡献的参与者会分到代币。在加密经济中，代币流动速度（可兑换速度）很快，可能不到一年的时间就能出售代币获取资本收益。无论员工、合同工、兼职员工还是用户，都能够毫无差别地为项目做贡献，并随着项目的发展获得资本收益，就像持有公司股票一样。

当然也有人会长期持有代币，参与项目的各种投票或提出自己的建议，始终参加社区活动。

如果是在企业中，股东只能在一年一度的股东大会上行使表决权。但在 DAO 中，成员可以随时提出"我想做这个项目，为此需要什么，大概需要多久，成功后想要多少报酬，大家觉得如何"，随后开展全员投票。

此外，也有人能凭借代币获取的利益分成直接用于生活所需（不过在日本，未在加密资产交易所上市的代币无法直接兑换为现金）。

DAO 也会免费发放代币以奖励成员。比如无聊猿就曾在 2022 年 3 月发行上市 Ape Coin（简称 APE）之际，向所有无聊猿 NFT 持有者免费发放（airdrop）了 1 万 APE。

资本家和劳动者之间的财富差距是自工业革命以来就一直被讨论的资本主义问题。

自然，DAO 中也可能会出现这种情况，即风投公司早早看中一些有潜力的 DAO，从而大量持有该 DAO 的代币。

然而，由于 DAO 的原始特点之一就是"不存在投资者优先""没有劳动者（只有自发工作的个人）"，因此它会在一定程度上起到自我净化作用。此外，在区块链上可以轻易看到谁持有多少代币，验证起来也十分容易。

实际上，我们的社区"Henkaku"里也存在这样的讨论："代币持有者整体占比多少才公平？""用户的代币持有率低于 25% 是否不公平？"从根本上说，我感到一种全新的治理观念正在形成。

随着科技的进化，财富不平等这一资本主义社会长期以来的问题或许即将得以解决。有了加密经济，我们就有可能将智能合约嵌入交易，例如通过实行"财富再分配"来纠正不平等现象。看着 DAO 从根本上颠覆传统治理形式，我们似乎可以预见未来的样子。

尽管人们经常对加密经济投来怀疑的目光，但有迹象表明，它所建立起的不仅是工作（项目）透明化和治理公平性，还有远远高于法币经济中上市企业合规性的事物。

DAO 也并非不存在任何问题。我就读到过这样一条新闻，在某 DAO 中举行一项关于"不得使用'希特勒'作为道具名称"的表决时，未能获得足够的赞成票。

也就是说，在伦理常识中显而易见的事实也可能无法轻易通过表决。由于所有人都获得了投票权，一切讨论都被相对化，所以决策就容易陷入僵局，这就是 DAO 独有的难题。

尽管 DAO 的确改变了现有治理方式，但想要利用它来创造更好的世界，还需要逐一面对并解决这些问题。我自己也在进行各种实验，观察情况如何。

工作方式将不再被工作地点所束缚

近年来，越来越多的工程师等专业人士选择作为自由职业者工作，同时承接几家公司的工作。随着 DAO 的扩张，想必这种情况会在更广泛的职业范围中出现。

尚未形成行动规范的全新工作方式将在 DAO 这一社区中诞生。今后，这种令人称道的工作方式改革将会在 Web3.0 中频繁发生。

正如前文所述，DAO 以项目为单位建立，而实际经营起一个项目需要各种角色，因此，它所需要的不仅仅是工程师等专业人士。

或许有人会认为"我没有一技之长，所以肯定无法参与""DAO 只接受有专业技能的人"。实际上，任何人都可以参与进来，每个人都拥有为 DAO 做出贡献的"某种能力"。

参与 DAO 就像是在寻找自己的角色定位，例如"我能为这个充满魅力的项目做些什么呢"。

因为是自己主动举手决定想做的事，所以不会被分配到不擅长或讨厌的任务。你可以以小组为单位工作来获取代币，而如果你是投入较多的中层或核心贡献者，还可以获得固定数额的代币作为工资。

DAO 允许丰富多彩的工作方式存在，你可以按自己期望的方式和时间工作。这意味着你作为一个工作主体，可以把自己从组织中带回自己身边。换言之，你的工作和工作方式不再被组织决定，而是由你自己主宰。

除非你想要在组织中出人头地，一路晋升到管理层，否则，Web3.0 的工作方式对于那些想继续感受并参与创造的人是极为理想的。

人们将会"发自内心地想要"参与工作

参与 DAO 的方式常常会随着对项目的关心程度而发

生变化，比如从"浏览"到"发言"，最后发展为"认真参与"。

人们往往不会一开始就深入其中，而是先观察成员间的互动，了解具体进展，然后逐渐开始对别人的提议提出自己的意见，投出支持或反对票。接下来人们便开始主动提出自己的意见，逐步成为引领项目前进的存在。

尽管 DAO 成员地位平等，但参与程度不同，对项目的责任和贡献度自然也会有所不同。正如各位所见，参与程度越深，责任和贡献度也就越大，这一点和当今社会中企业中的所谓"晋升"是完全不同的。

DAO 并不会束缚个体，因此人与人之间只会出现这种差别——人们在感兴趣的 DAO 中参与程度相对较深，对于稍感兴趣的 DAO 则参与程度较浅。如果失去了兴趣，只要退出即可，也没有"在离职日前几个月一定要提出申请"的规定。

只要持有代币就能参与项目管理，而且不会受到任何束缚。无论深入其中还是选择离开，都可凭借自己的意愿选择。

与离职、改行都要煞费苦心的在公司中工作相比，在DAO 中工作可以说是相当轻松自由的工作方式了。

报酬、分红、权利均由"代币"支配

参与 DAO 能得到的回报包括工作报酬和利润分配（分红）。报酬由该 DAO 发行的代币或稳定币——以太币等加密资产来支付，而利润通常根据治理代币的持有量进行分配。

将治理代币与初创企业的股票期权（新股预约权）进行对比或许更好理解。

股票期权是公司员工能以优惠价格购买本公司新股的权利。员工努力做出成果，提高本公司的价值，这样他们就能卖出以优惠价格买入的本公司股票，从而获得资本收益。因此，员工自然会产生"努力工作，让公司更加成功"

的动机。

从前，无论公司多么成功，员工都不可能获得上亿日元的利润。

就在这时，股票期权制度的诞生吸引了许多优秀人才加入初创企业，在那里他们可以"通过为公司做贡献，从而获得巨大的利润"，而不是选择去大企业过"高枕无忧"的生活。从那时起，硅谷就不断涌现具有创新精神的初创企业，并且纷纷获得了成功。

说起 DAO 的治理代币会作为报酬分发这件事，它其实和初创企业中获得股票期权十分相似。

就像你对公司发展贡献越大，公司股价就越高一样，DAO 也会因为你的贡献而得到发展，你持有的治理代币价值也就越高。如果在价格上涨时卖出治理代币，就可以获得巨大的资本收益，或者你继续持有它们，也能通过分红获得股利收入。

这一过程能够迅速发生也是 DAO 的一大特点。想要行使股票期权，至少要等到公司在股票交易所上市（IPO）后才行，这一过程往往需要几年到十几年的时间。DAO 中却常常出现项目真正成型前，买卖代币的时机就到来的情况。

DAO 是万能的吗

DAO 存在法律定位尚未明确的问题。

正如"分散式自治组织"一词所表达的那样，DAO 中不存在确切的主体。当然，最早创立项目的成员是存在的，但他并不是"创始人"，而是众多代币持有者中的一员。

举个例子，比特币是采用区块链技术设计的虚拟货币这一想法获得了大批支持者，从而成长为全球最大的虚拟货币。比特币这一项目借分布在全球各地的工程师之手发展起来，那么谁才是这一项目的负责人？

比特币的提出者是一个叫"中本聪"的人，这一名字是不是真名尚无定论，也没人知道此人的真实信息。即便如此，该想法还是获得了大批支持者。

只要知道是哪家公司开发的，国家或许就可以将其关停。然而要监管像比特币这样既不知道开发者是谁，也不是具体个人或组织的计算机程序却不太可能。换言之，比特币很难被纳入现行法律的监管范围。

同样，目前 DAO 这种以代币为媒介的社区中正运行着大大小小、各式各样的项目和应用程序，这也是不争的事实。在区块链上运行的智能合约机制所发挥的作用，相当于法币经济中的"业务委托书"，报酬支付也是以此为基础进行的。

总而言之，"数字相关事物不可信"这一想法似乎在人们的脑海中根深蒂固，但从 Web3.0 的角度来看，容易被篡改的反而是纸质文件，智能合约在透明度和可靠性方面更胜一筹。

换言之，DAO 的功能已经超越了现有国家法律监管范围，且这一点已成为 Web3.0 的常识。今后，它将以各种形式影响法币经济一侧，因此人们应该不会再忽视它。

目前第一个专门针对 DAO 立法的例子是美国怀俄明州

颁布的 DAO 法案，该法案承认 DAO 为法人。日本也终于进入了针对 DAO 开展相关讨论的阶段。

如果相关领域的法律建设能够进一步完善，那么 DAO 带来的工作及工作方式的戏剧性变化，将会掀起更大的社会浪潮。我能想到的一个办法是，率先设立类似于 "DAO 特区" 的东西，效仿怀俄明州在特区中进行 DAO 法案施行试点。

"无法兑换为金钱的代币" 的价值

加密资产圈内如今正流行将加密资产看作投机对象，以建立起代币经济学。我抱着与这种风潮相反的态度，想看看本质上只是电子数据的代币究竟能发挥什么作用，在 Henkaku 社区中发行了代币 $HENKAKU。使用该币，我们究竟能在社区中构建出怎样的生态系统呢？例如，我正在试验一些想法，比如能否让持有 $HENKAKU 的社区成员从中获得到一些好处。在 "一无所有" 这一代币经济学特点的基础上，我认为，创造 "正因为无法兑换成金钱所以才具有价值的代币"也不失为一个好办法。

例如，我举办了一个名为"HENKAKU BAR"的活动，参加该活动需要支付 500$HENKAKU。该活动只接受 $HENKAKU，即便现金也不行。而 $HENKAKU 只对为社区做出贡献的人发放，也就是说，该活动是只有"对社区有贡献的人"才能参加的特殊活动。

我打算今后定期举办一些这样的线下活动，加强这些平时只在线上打交道的成员间的联系。此外，我还有一些想法，比如建立一个只支持 $HENKAKU 支付的 NFT 市场。

就像这样，我希望通过赋予 $HENKAKU "特殊俱乐部会员"的功能，将其发展为一种非货币性价值媒介的"社交代币"。

在 DAO 中，人们或社区以代币为媒介进行各种活动，有时也会将不同的 DAO 合并起来，创造一些新事物。这样的 DAO 目前还处于黎明期，也就是说，尽管它存在一些问题，但只要我们能够提出新想法，它就拥有无限的可能性。

从工作的"时间、地点、内容"中解放出来是否能够缩小差距

无论工作的时间、地点还是内容，都能自己做主，不被他人安排，这就是 Web3.0 的工作方式。如果这种工作方式能够变成一种常态，那么围绕工作产生的各种差距想必也会缩小。

比如性别差距。日本的性别差距指数在 156 个国家中排在 120 位左右，并且这种状况仍在持续。我们自然应当纠正男性至上的价值观，然而从机制层面来看，对于怀孕、分娩等生活重大事件的理解与宽容的欠缺，仍然是难以突破的阻碍。

与从前相比，我们在性别差距的部分方面似乎有了一些改善，比如男性也有了育儿假期，但是从现状来看，有孩子的女性在工作方面仍面临很大困难。

除了性别差距之外，还可能有一些人由于各种原因无法全职工作，比如要照顾家人，或是有身体或精神方面的

疾病，难以去公司上班。在当今社会中，这样的人往往容易被忽略。

在这一点上，DAO 中本就不存在"经营者、正式员工、合同工"的区别，因此像"女性管理人员只占 7.8%""即使是相同的工作内容，非正式员工的工资连正式员工的 70% 都不到"等不平等问题也就不存在了。

在 DAO 中，"只要在力所能及（擅长、喜欢）的范围内做出贡献就可以""无论何时何地，想做多少工作都可以"，这为那些由于各种原因难以接受当今社会固有工作方式的人打开了一扇通往多样化工作方式的大门。

如上所述，DAO 这一与以往运营方式完全不同的社区将会诞生全新的工作方式。但实际上，DAO 自身还没有完全建立起来。因此，以后实际成员的不同会使工作方式改革产生各种各样的发展方向，而且很有可能会出现一种全新的赚钱方式，如在加密经济中赚取、交易和管理代币。

迄今为止，那些在法币经济中不知道想做什么的人，或者有想做的事却无法实现的人，都可能在加密经济中获得成功。

有些人认为，Web3.0 中可能会出现"先发优势"——冒着风险先一步跳进去的人获得的代币价值会更高，从而导致差距进一步扩大。我倒觉得未必如此。

如果加密经济继续扩张，那么我们很有可能在与迄今以来完全不同的平等关系中创造一个新社会。我认为这是很有可能发生的。

第 2 章

文　化

人们的"热情"将成为资产

在区块链上实现的真伪鉴定及所有权证明

区块链的工作原理是为每笔交易创建一个区块，并将这些区块连接成链，用以记录交易历史。

由于所有历史都被连续记录下来，且透明度极高，允许任何人查看，所以只篡改其中一个交易信息并不现实。因此，区块链目前正在为比特币、以太坊等具有类似货币功能的机制提供最高级别的安全保障。

就这样，NFT 利用最初作为交易历史记录机制诞生的区块链技术来鉴别数字数据"是真是假"和"属于谁"。

提起数字数据，或许人们会认为它可以无限复制、随意篡改甚至消除，但记录在区块链上的交易历史并非如此。

区块链可以创造出"世界上独一无二且真伪可证的数字数据"。

了解到这一点，大家是否就能对于 NFT 首先流行于数字艺术创作者之间感到理解了呢？

创作者把自己的作品放到 OpenSea 等 NFT 交易平台上，有感兴趣的人看到就可以买下来。交易额的 2.5% 会作为手续费被 OpenSea 扣除，即便如此，交易难度也远远低于在画廊展出作品进行交易。可以说，NFT 孕育了一种"艺术家能够自食其力的机制"。

此外，NFT 还有可能颠覆传统的大量生产、大量消费型的产业结构。

原本，向个体提供独一无二的产品是极其低效的。因此对于大公司来说，大量生产同一种产品并同时提供给许多人是更合理的——这就是大量生产、大量消费型的产业结构能持续这么久的原因。

数字消费品虽然无须物流，但从技术上来讲，想要创造出"世界上独一无二的数字消费品"是不太可能的。尽管它不同于实体消费品，但从"许多人消费同一产品"这层意义上来看，它和大量生产、大量消费没什么不同。

但 NFT 并不是大量生产、大量消费型的产品。通过使用区块链技术，我们让"世界上独一无二且不可复制的数字数据"成为可能。

时代的确在变化，我感到人们现在越发重视"与事物的关联"（强有力的联系），NFT 与这一趋势完美契合；或者说，NFT 的诞生可以被看作加速了这一趋势。"每个人都以同样的方式拥有同样的东西"这种价值观正逐渐落后于时代。

比如现在正火的无聊猿 PFP，每一个都是绝无仅有的。在买下中意的那一个并获得所有权后，持有者对它的喜爱也会与日俱增。

就这样，自己与作品的关系不再是单纯的"拥有与被拥有"，而是"作品成为本人的代表"，更进一步，成为

"自己身份的一部分"。换言之，人与作品的联系会增强。

"NFT 泡沫"之后是什么

数字艺术家之间的交易日渐兴盛，这导致许多嗅到金钱味道的投机者纷纷涌入该市场，甚至有人将其称为"NFT 泡沫"。

泡沫迟早会破裂，历史也证明了这一点。不过，只有在泡沫发生时，完备的基础设施和人们的素养等才会真正建立起来。泡沫破裂后，这些事物还会留存下来。

NFT 自然也不例外。在 NFT 热潮中，随着 NFT 市场的成熟和人们相关素养的提高，以后将会有越来越多的 NFT 问世，并在热潮结束后得以继续存在。

大家不必为了赶时髦而投身 NFT 热潮，可一旦无视了它，在以后 NFT 的存在成为一种常态时，又可能为生活带来不便。所以最好是从现在开始，密切关注当下发生的事情，并逐渐参与其中。

"无形的价值"将逐渐显现

打个比方说，这里有两个护身符，一个开过光，一个没开光。这两个护身符材质、大小、设计都一样，看起来完全相同。然而有信仰之心的人一定更想要前者。

这就是不可替代的含义。NFT 正具有这种不可替代的价值，为该信息的真实性做出担保的则是区块链。

换言之，只要记录的开光过程不出现问题，那么能够回答"这个护身符真的是开过光的吗""这真的是伊藤穰一的东西吗"等问题的，就不再是鉴定报告，而是区块链的记录。

正如企业的财务报表可以做假一样，鉴定报告等也有被伪造的可能性。然而如前所述，区块链的系统性质使其几乎不可能在记录交易历史后被覆盖或删除，因此事实上，没有比区块链更可靠的"真伪"鉴别及"所有权"证明了。

"想要开过光的护身符"这种想法实际上就是想要"正品"，再进一步说明，就是重视"接触正品时的感觉"。

NFT 并非在物理层面进行操作，而是将"正品"这一无形的、不可替代的价值代币化，从而使其变得可以操作。无论选择正品还是赝品，在物理层面都没什么差别，不同的只是自己的心情。可以说，NFT 就是一种和我们人性中的纯粹之处相得益彰的代币。

艺术家将成为企业家

NFT 可以让艺术家自行管理自己的艺术事业。

在 NFT 出现之前，自然也有艺术家在进行创作，但在那时，想要让画作面世并卖出，至少要先把作品卖给画廊。如果作品成功展出并找到了买家，就必须向中介支付大笔佣金作为完成交易的奖励。

简言之，传统的艺术商业一直在一个"艺术家不赚钱的机制"下运作。

NFT 则为艺术商业带来了一股全新的风气。目前，NFT 在数字艺术和游戏领域最为活跃。

新鲜事物出现时，人们往往会首先依据已有的经验进行判断。NFT 会最先被数字艺术和游戏领域所接受，或许也是因为在既存的数字艺术和游戏引入区块链这一新技术后，将其看作具有"Web3.0 属性"的事物是最易于理解的。

把这种想法作为切入点没有任何问题，但 NFT 的潜力远不止于此。着眼于现在的 NFT 交易平台，可以发现许多 NFT 只是单纯将数字艺术的 JPEG 格式图像数据贴上去，换言之，NFT 已经成了"画布"的替代品。如果这种情况一直持续下去，那将是一种极大的浪费。

NFT 的使用方式应该有很多。既然区块链已经证明了 NFT 的作者和名称，那么即使实际内容有所变化也没有问题。

例如，每点击一次链接，显示的内容就会随着作品概念的变化产生变化，这样的 NFT 数字艺术品也很有趣。

今后，随着 NFT 越来越普遍，人们终将舍弃那种看待传统艺术品的目光。而以 Web3.0、NFT 为前提的作品将会不断涌现，不仅是单纯的视觉艺术品，还会有更多我刚才所说的那种别出心裁的概念艺术品。

有人将英国著名平面艺术家班克西的一幅作品进行数字化备份后，竟将原作烧毁，而后将电子版转化为 NFT。这一引起艺术界轰动的作品如今正在 OpenSea 上展出。

或许这一事件本身也可以被称为概念艺术，名为《对班克西做了班克西会做的事》。这种做法究竟是对是错，众说纷纭。但至少有一件事是确定无疑的——这是只有 NFT 才能完成的任务。通过这件事，我再次感受到了，只要有想法，NFT 就有无限可能。

例如，我们甚至可以把在某次体验中的感觉或感情当作素材，创作一个 NFT 数字艺术品。这在以往是根本难以想象的。

NFT 会破坏环境吗

世界上也有一些人对 NFT 持否定态度，其主张大致分为两类。其中一类认为 NFT "对环境有害"。2022 年 2 月，WWF（世界自然基金会）想以筹款（为设立基金，请求投资者出资）为目的发售濒危动物的图片 NFT，结果遭到了环保主义者的激烈批判，最终不了了之。

NFT 是目前增长最快的市场之一，因此进行筹款也很合理。但他们并不认可："使用会对环境造成很大影响的系统来做环保工作又有什么意义呢？"

的确，区块链存在着消极的一面，即**挖矿**（确认交易数据的过程）时会消耗大量能源，加剧全球变暖。

然而，作为 NFT 的支柱，以太坊正在发生令人欣喜的转变——区块链上运行的算法正从对环境影响较大的"工作量证明"（proof of work）向对环境影响较小的"权益证明"（proof of stake）转变。以太坊之外也出现了许多以"对环境影响小"为卖点的区块链，如比特币等。

Web3.0 确实吸引了一群有环保意识的人，旨在抵消碳排放（即补偿难以通过其他举措减少的二氧化碳排放）的

DAO 项目也数量众多。比特币社区也在积极推动向可再生能源的转换。

"在环境影响完全消失之前，绝对不和 Web3.0 扯上任何关系。"——这也是其中一种主张。

但我认为，"因为对环境有害就不参与创新"的想法十分可惜。Web3.0 原本是在社区基础上形成的世界。换言之，Web3.0 已经具备了讨论的土壤和文化，而技术性问题只要通过相互商量就能够解决。

此外，还有一类持否定态度的主张，认为："艺术家怎么能通过 NFT 赚钱？简直太不像话了，这是一种背叛，我再也不做他的粉丝了"。对于这种观点，我只能用不可理喻来形容。

在 NFT 交易平台上展出的作品一旦找到买家，艺术家就能从中获取收入，并且，由于区块链上记录着"某一作品最初由谁创造"的历史，我们还能将其设置为 NFT 每经过一次转卖，艺术家本人就会得到利润的模式。

就这样，艺术家从原本的"艺术家赚不到钱的艺术商业模式"中解放出来，逐渐能够独立管理自己的艺术事业，并真正通过艺术谋生。NFT 为艺术家开辟了更多可能性，这也是 NFT 的一大优点。

因此，各位艺术家大可不必理会那些不可理喻的言论，请尽情运用 NFT 摸索更多全新的艺术形式吧。

自从 NFT 开始流行，我们看到了很多名人 NFT，但目前看来效果似乎并不理想。

NFT 的价值并不产生于"某某推出 NFT 了"这样浅显的理由，"好帅""好可爱""真有趣"等来自粉丝社区的声音越多，其价值也会越高，NFT 的有趣之处就在这个动态过程中得以体现。

文化将从"消费品"变为"社区参与凭证"

NFT 正在将文化的本质由"消费品"变为"社区参与凭证"。

我们可以看到，像无聊猿这样的例子正在不断涌现。它从售卖 NFT 艺术品起家，通过发行并上市代币，成长为规模可比肩经济圈的巨大社区。

这样一来，艺术的性质就从单纯的"消费品"变成了"社区参与凭证"，买家从单纯的"顾客"变成了"共同致力于社区繁荣的社区成员"。

在 Web3.0 中，无论艺术家本人还是艺术家的支持者，都能成为运营社区的主体。

前几天，我买了一位名叫藤幡正树的新媒体艺术家的 NFT 艺术品。

藤幡的销售方法很有趣。在给 1 到 30 号作品标定价格之后，他会把每个作品的价格除以买家的人数，来决定每个人的交易额。假如 1 号作品的价格是 10 万日元，有 5 个人想买，那么 1 号作品将被制成 1 到 5 号版本，平均每人的交易额是 2 万日元。

顺便一提，我选的那件作品包括我在内共有 5 位买家，有的作品的买家甚至能达到 800 余人。我们又该怎样看待这种情况呢？

一方面，除了我之外，只有 4 个人拥有这件作品，所以与有 800 个所有者的作品相比，它是很罕见的。从另一个方面来看，这也意味着我选择的作品没能吸引到那么多人。

换句话说，我买的作品的社区比买家众多的作品社区要小得多。当然，"因为喜欢而购买"才是最重要的。但在 NFT 领域，庞大的社区在某种程度上意味着时尚与潮流，从这层意义上来说，这次的结果我还是有点悲哀的。

这一次作为 NFT 艺术收藏者，我的心情稍有些复杂，但对于藤幡来说，想必这种"复杂的心情"正是其作品的本质。

站在谋求作品价值的角度来看，重视社区"规模"和"活跃度"是 NFT 独有的特点。

我平时在购买 NFT 艺术品的时候，会将该艺术家的社区活跃与否作为一个评判标准。我当时买下无聊猿的作品也是因为这个社区活跃度高，而且看起来非常有趣。这一点无疑促成了无聊猿目前的成功。

在社区建设方面，还有一个成功的例子是 2021 年收获大量人气的 Kawaii SKULL。

Kawaii SKULL 在发行之初就将其 NFT 作品总数定在 1 万件。数量太少无法成名，数量太多又会丧失其稀有性而显得廉价，因此 1 万件对于社区规模来说恰到好处。

现在，这 1 万件作品的买家之间正在形成一种微弱的联系。用 Kawaii SKULL 做 PFP 的推特账户会互相关注，互道"GM"（Web3.0 用语，意为 good morning），他们之间正在形成一种双向交流。

持有同一艺术家作品的人也会形成一个社区，这也可以说是 NFT 艺术的精华所在。

因"D to F"而产生变化的粉丝社区

2021 年突然爆火的 NFT 在很大程度上被视为一种投机

对象，人们买入后待价值上涨再卖出。但今后，那些拥有长期价值，适合长期持有的 NFT 将会变得更加重要。

举个例子来说，我现在是杰尼斯事务所（简称杰尼斯）的顾问。2022 年，杰尼斯要尝试将部分演唱会门票转化为 NFT。

杰尼斯原本就是一个和粉丝社区联系紧密的公司，它的理念是让粉丝的钱花得物超所值。而粉丝社区的氛围也和 DAO 有些相似。

之所以决定将门票 NFT 化，是因为它认为这样对粉丝来说会更方便。

杰尼斯演唱会非常火爆，门票销售是通过抽签进行的，但门票管理一直是一个难题。为了防止不正当转卖行为，演唱会的门票甚至不能转让给家人或朋友。

在门票 NFT 化的初期，杰尼斯决定，允许转让杰尼斯 Jr.（未出道练习生）出演的 5 月公演门票，转让范围是加入"杰尼斯 Jr. 情报局"（杰尼斯未出道练习生的官方粉丝俱乐部）的门票持有者的家人和朋友。

只要是 NFT 门票，即使开放转让也不存在任何被不正当转卖的顾虑。该门票与区块链关联，因此"票是谁买的，又被转让给谁"之类的信息都会被记录。不过，如果是真粉丝，不到万不得已的情况是不会轻易转让门票的。

所以，一旦某人的记录上显示"经常买门票，但是每次都转让出去"，那么他一定是以转卖为目的的"假粉丝"，我们就可以事先编程，对这种情况采取相应措施。从这个角度来看，NFT 门票也是验证"粉丝真伪"的证明。

此外，对粉丝而言，门票也是无可替代的"纪念品"。许多人都会珍藏自己喜爱的艺术家的演唱会票根。实际上，一些著名艺术家的演唱会票根在拍卖中也时常被卖出高价。

杰尼斯偶像人气极盛，演唱会结束后，其 NFT 门票的价值也会随之上涨。然而真粉丝很少会转卖如此珍贵的纪念品，大多数情况下会永远珍藏起来。

换言之，NFT 门票在区块链的担保下成了具有高可信度和安全性的入场券。与此同时，它也拥有了"纪念"这一不可替代的长期价值。

门票的 NFT 化是一种"D to F"（direct to fan），即"直接面向粉丝"的业务，无须经过中介平台直接与粉丝对接。通过这种方式，杰尼斯与粉丝社区的关系也变得更加紧密。

不仅是杰尼斯，日本的内容产业都有这样一个特点，即与粉丝社区联系紧密，且对粉丝心理把握得当。如果能引入 Web3.0 的代币经济加以推动，想必日本内容产业的价值将为更多人所知晓。

"出于喜爱的购买"才是其意义所在

也许是因为 Web3.0 圈子里动辄就是大笔资金流动，所以人们往往很关注"能赚多少钱"。

但 Web3.0 真正的重点并不在此。与关注"能赚多少钱"的法币经济不同，Web3.0 更关注个人价值观与兴趣爱好，人们可以自由选择想做的事情。

在 NFT 中，也存在这样一种倾向，即只有当某件作品以千万、上亿货币单位的高价成交时才会引起轰动。如果有人因为看了本书而产生了购买 NFT 的想法，那也很好，只是，我唯独希望大家不要因为"看起来能赚很多钱"而去购买。

购买 NFT 的理由自然因人而异。正是投机者的大量聚集才使得 NFT 市场繁荣兴盛，NFT 交易平台能以交易手续费为主要收入，让原所有者与艺术家本人通过作品转卖得到利润。

因此，尽管 NFT 市场很容易受到"何时升值，何时卖出"的交易动机驱动，但这里并不全是投机者，还有很多人单纯因为喜爱 NFT 艺术而聚集在此。

我建议大家把"出于喜爱的购买"排在第一位。

在和形形色色的 NFT 艺术家和收藏者交流后，最能引起我共鸣的想法就是："即使不升值，我也买了让自己开心的东西。""升值很幸运，不升也正常。"

最糟的情况莫过于，你出于对升值的预期买了一件不喜欢的作品，但其价值一直毫无变动，而且不能转卖。这种作品一直摆在自己的数字钱包里十分碍眼，但想要扔掉它还需要花钱（区块链的一种手续费，被称为"煤气费"）。

不过，当你支持的艺术家备受赞赏时，又的确会令人欣慰。NFT 的所有权归属十分明确，因此作品的升值也证明了自己的先见之明与品位。但这终究是一种结果论，和一开始就以赚钱为目的买入有升值潜力的 NFT 的行为从根本上就是不同的。

我自己几乎没有转卖过 NFT 艺术品。回想起来，我买过无聊猿，但因为觉得不适合做 PFP，所以就又买了新的 NFT 把它换掉了。还有一次，我买了一个不点进链接就看不到模样的 NFT 艺术品，结果点开后发现并不喜欢，所以就转手卖掉了。之所以这样，是因为赚钱从来不是目的，而是出于喜爱才会购买 NFT。

我还买过一位泰国艺术家的 NFT 艺术品，自然也是出于喜欢。他会在世界各地的活动中展示那件作品，并且每次展出都会标注"本作品为伊藤穰一所有"。他还会特地拍下照片发过来，告诉我"这次是这样展示的"。

每当收到他的消息，我都倍感喜悦。这份喜悦来自自己购买的作品被许多人看到了，来自其价值的提升，而不在于赚钱。自己支持的艺术家能得到肯定这件事本身就是一种"无法替代的价值"。

装满"NFT 潜力股"的钱包真的很俗

购买 NFT 艺术品，就像成了该艺术家的赞助人一样。

与涉及金钱的赞助商和购买作品的消费者不同，赞助人购买是因为他们只是单纯喜欢艺术家的作品并想支持他，他们会长期持有他的作品。艺术家则通过提供一些特殊福利来回应，比如发布一些仅限于社区成员（购买作品的人）欣赏的作品。

这样一来，艺术家和粉丝通过 NFT 艺术品就直接且紧密地联系在了一起，一个社区就此形成。也就是说，持有

NFT 艺术品本身就是一种价值、一种快乐。即便如此，有人还是想着"什么时候升值，什么时候能转手卖掉大赚一笔"，大家不觉得这样其实很无聊吗？

"在允许复制的数字艺术中，原本就不存在'原创和复制'的概念。假如作者制作并出售了 100 份复制品，就会有 100 个人拥有同一件作品。这样想来，数字艺术作品本身并非原创，'不同个体接触到该作品的不同经验'才是原创。在这层意义上，数字艺术很可能是一种行为艺术。"

这是藤幡正树所说的，对此我深有同感。一切从赚钱出发的人是无法体会到"经验"那不可替代的价值的。我认为，比起"看起来能赚很多钱"这种动机，还是"出于喜爱的购买"更能让人感受到 Web3.0 的乐趣。

只要知道地址，任何人都能访问我们的钱包。也许在意识到钱包会被他人看到的基础上去购买 NFT 艺术品，也是一个不错的主意。

尽管 NFT 的虚拟空间是不对外开放的，但区块链的记

录对所有人公开，且无法消除和更改。在接下来的 Web3.0
时代，他人将根据我们钱包的内容对我们进行评价，这一
点非常重要。

把什么 NFT 化更有趣

当被问到 NFT 是什么时，目前我能做出的最明确的回
答就是解释其字面含义："非同质化通证，即不可替代的
代币。"

简言之，NFT 是一个还没有明确概念的新科技。

需求越多样，市场就越丰富。所以今后拥有钱包的人
越多，关于"人们会希望什么事物被 NFT 化"的想法也就
会越多，随之就会产生各种各样的 NFT。

把已有的 NFT 进行分类，再向他人说明"NFT 是什
么"是很简单的。

然而，NFT 是诞生不久的新兴事物，其可能性尚属未
知。如何将 NFT 与迄今为止被忽视的价值联系起来，这取

决于人们的目的、意识和想法。

在此，我要分享几个我的想法。

- 不可转卖的数字时装。它就像拍电影时工作人员身穿的工服一样，仅对社区成员发放。将其穿在自己的虚拟形象（自己在元宇宙中的分身）身上，可以显示自己是该社区的成员。

- 不可转卖的"感谢 NFT"。仅将它授予对社区做出贡献的人。持有感谢 NFT 的人可参加社区举办的活动，还可能收到社区赠送的数字产品等。

- 不可转卖的"上宾 NFT"。仅将它授予在餐厅中"表现良好"的顾客。持有上宾 NFT 的人可预定一些"只接熟客"的餐厅。

像这样的一类想法应该是立刻就可以实现的。"不可转卖""不可转让"就意味着"无法兑换为金钱的价值"被视为一种资产。这可以广泛运用于各领域。

我在自己的播客节目中也在做着类似尝试。在节目中我会读一些听众发来的咨询邮件，而那些发邮件的听众会收到节目原创的 NFT。我也计划举办一些持有该 NFT 的人可以参加的活动，活跃一下社区氛围。

将"学位"NFT 化

若我们着眼于更大范围，将学位 NFT 化的尝试则具有极大的社会意义。

虽然为了攻读学位需要支付学费，但学位自身是花钱买不来的。而且学位表明"你在这个领域有一定的知识水平"，这是一个终身的证明。

基于以上，我所想到的学位 NFT 是用 NFT 取代毕业证书和学位证书等，成为"修完这个专业"的证明。

有时，名人的学术造假会成为热门话题。但当学位 NFT 的存在成为常态时，我们就能轻易核实其真伪，完全不需要为伪造毕业证等行为而大惊小怪。

正如我多次提到的，区块链的记录是不可能被消除或更改的。你的钱包里有学位 NFT 就说明你有学位，反之亦然。没有比这更简单明了的证明了。

实际上，已经有人使用了类似的学位 NFT。

2017 年，麻省理工学院媒体实验室举行了一项在区块链上颁发学位的实验。通过使用 Blockcerts（麻省理工学院发布的比特币区块链认证系统），它正在将其标准化。目前由我担任所长的千叶工业大学变革中心也正准备加入该项目，以这种方式颁发学位证书。

2018 年 11 月，马来西亚教育部为打击学位证书造假，决定引入使用区块链发行和验证学位的系统。在马来西亚，伪造学位已经成为一个严重的社会问题，不仅有政治家伪造学位，甚至有人在网上公开出售学位。日本经济产业省也发布了一项调查报告，内容是关于区块链技术是否可用于记录和存储学位、课程、在职证明及研究数据。

货币经济是一个极其合理的系统，但其缺点是把一切都置于货币这个单一的价值标准之下。

正因为合理，所以"对这些人来说有价值，但对那些人来说就没有价值"的事物无法被视为"资产"，从中也会滋生出一种片面价值观——有钱即有价值。

但从现实来看，我周围有很多事物无法用货币来衡量价值，有钱也买不到。它可能是他人的思想与热情，或是时间留下的痕迹等。

NFT 可以将这种事物在其各自的背景下代币化，在一直以货币经济为唯一基础的现有社会中，这是一种完全不同的价值表达方式。这项新技术将使我们能够更好地展现直到现在还被忽视的非货币性价值。

"BANKLESS"：远离银行的年轻人

形成于 Web3.0 中的加密经济处于现有的法币经济的对立面，作为一种社会浪潮，正在不断彰显其存在感。

作为该浪潮的一环，一群美国年轻人喊出了"BANKLESS"（无银行）的口号。如果我现在十几岁，那我一定会很想尝试一下这种生活方式。

这些十几岁的年轻人把在加密经济中赚到的虚拟货币在虚拟货币 ATM 中兑换成现金，用于购买午餐。他们在加密经济中赚钱，在法币经济中只进行消费，因此没有把钱存进银行的必要。这就是"BANKLESS"的浪潮。

他们似乎大部分时候住在家里，因此对维持生活所必需的费用需求并不多。无论如何，只靠加密经济赚钱，生活的人如今正在出现。其中也有一些人利用 NFT 赚了许多加密货币，并豪言："我这辈子都不打算开银行账户。"

我感受到了一种类似于 20 世纪六七十年代嬉皮士文化的氛围，他们厌倦了现有的制度和价值观，选择退学，生活在公社里。

如果加密经济继续扩大，仅靠加密经济赚钱的人进一步增加，那么虚拟货币 ATM 也会相应增加，用虚拟货币结账的店铺也会变多，社会将向着适应加密经济的方向转变。

我在和 NFT 艺术家一起出去吃饭时，也会把均摊的饭钱换算成以太币发送到对方的钱包里。但日本的虚拟货币

ATM 还不多，使用虚拟货币很不容易，但我想，情况的改变只是时间问题。

或许现在还很难想象，但在某种程度上，这就类似于送餐服务从电话订购到网络订购和支付的转变。

例如，第一次在 Uber Eats（外卖软件）上点餐时，你可能会发出"这也太简单了"的惊呼，但随着时间推移，这种惊讶会逐渐消失，最终变得习以为常。我认为，这也是虚拟货币 ATM 和虚拟货币支付以后逐渐渗透我们生活的方式。

第 3 章

身　份

我们将同时用多个"自我"生活

人类将从"身体特性"中得到解放

"以线上交流为前提，进行价值交换的空间"是元宇宙的定义。虚拟现实自然是其中一大要素，但元宇宙不仅限于此。

它还有一个重要的关键词——多样性。在元宇宙的概念中，不存在"这里是脸书""这里是推特"的平台之分，线上的交流空间将整合在一起，形成一个超越性（meta）的统一世界（verse）。人们能够在各个空间来去自如，并且任何人都能平等地参与成了必然。

正如本书开头提到的那样，《雪崩》中的登场人物可以不分访问模式地随意进入元宇宙。元宇宙中有一个重要原则，就是人们可以自由选择最适合自己的参与方式，无性别、人种、残疾与健康之分，也就是尊重多样性。

在元宇宙中，这种尊重多样性绝非痴人说梦。

举一个容易理解的例子。在虚拟现实中，我们能以自己期待的模样（虚拟形象）存在，可以不保持人类的形态，把自己喜欢的动物或角色作为虚拟形象。

或许有人会觉得"那不是真正的自己"，从而产生抵触心理。但我认为更重要的是，元宇宙能把人们从他们的身体特性中解放出来。

在现实世界中，我们总是根据自己的身体特性来定义自己，无论有意还是无意的。

男女老少、高矮胖瘦……我们可以举出无穷无尽的例子。但这种身体特性在构成我们身份的同时，也把我们囚禁在了"自己"这个范围内。

在不涉及物理身体的线上空间——元宇宙中，我们将摆脱以上束缚。

例如，一个肢体残疾的人可以在元宇宙中化身为某一虚拟形象，随心所欲地旅行、跳跃或飞行。这恰好体现了元宇宙的多样性，即任何人都能平等地参与。

VR 艺术家 Sekiguchi Aimi 在创作的同时，也在老年之家等场所开展了元宇宙体验活动。对于这些老年人来说，现实世界中小小一级台阶都可能将他们绊倒，而到了元宇宙里，他们能自由自在地行动，也会因为"能自由行动真是太好了"而露出明快的表情。

现实世界中的残障人士今后也将在元宇宙中讴歌人生。为了迎接这样的未来，Sekiguchi 表示她希望与 ALS（肌萎缩侧索硬化症）患者合作，共同推进元宇宙项目的开发。

神经多样性："脑神经多样性"向我们展示的未来

这个话题并不仅限于因身体特性感到不便的人们。

从前，我在和有"**神经多样性**研究第一人"之称的历史社会学家池上英子的谈话中听到过一段非常有趣的故事。

对于患有自闭症、多动症等所谓发展障碍的人来说，和他人面对面进行交流通常是很困难的。

他们很难在面对面交流中一边理解对方的想法和感情，一边表达自我。但是一旦进入元宇宙，据说这类有"沟通障碍"的人就会开始流畅自然地同他人交流。

通过这些事例重新审视过去，或许各位会发现，我们所处的现实世界其实比想象中更加不平等。

曾有人在观察了美国某医院妇产科的新生儿保育室后，写了一篇颇有意思的报告——越是"长相可爱的婴儿"越胖。在保育室里，护士负责用奶瓶给婴儿喂奶。结果显示，越是可爱的婴儿，护士往往倾向于喂更多的奶。

如果这个例子折射出的就是现实世界的真相之一，那么它的确极不平等。即便我们没有体会过刚刚提到的由肉体或神经结构特征带来的不便，我们也一定在不知不觉中，在各种层面上被自己或他人的定义所束缚过。

面对各种各样的不平等问题，我们理应采取不同的方法进行解决。

科技为我们带来了一个选择，那就是元宇宙。倘若我们能将其看作"赋予我们勇气，使我们能勇敢面对充斥着显性与隐性不平等的世界"的存在，人们就不会再将其低估为单纯的"假想空间"了。

如今，科技的基础已然十分完备。今后人类将面对怎样的未来，取决于我们自己。

人们将在虚拟空间中拥有"自己的房间"

元宇宙具备了怎样的可能性？到目前为止，我已经从稍大的视角进行了描述。作为虚拟现实最早的入口，我们能否将 NFT 作为一个切入点？

虚拟现实就是出现于虚拟空间的"自己的房间"。

与现实世界的房间不同，在虚拟空间中，人们可以超越物理法则的限制同世界各地的人进行交流，也可以按照自己的喜好随意装饰房间。如果买了 NFT 艺术品，出于一种想要向大家炫耀的心理，他们可以在元宇宙这个绝佳的展示会场向人们展示自己的收藏。

这时，没有平台束缚这一点就变得极为重要。

在平台势力如日中天的 Web2.0 时代，个人的网络（线上支付信息、所属社区等）都和平台绑定，并且无法将其带到其他平台上去。

对各位而言这可能是理所当然的事情，但我要再举一个例子，这就像是"在这家店里买了衣服却不能带回家"。仔细想想看，明明是自己的所有物却不能带出去，这多少有些令人匪夷所思。

在 Web3.0 中，个人网络将与区块链绑定。Web2.0 是平台建立在基础设施之上，用户信息及其网络与平台绑定；而 Web3.0 则是用户信息及网络直接与基础设施本身绑定。

如此一来，用户便可将记录了自己信息和网络的区块链带到平台上，且不受单一平台限制，可以在各个平台间自由移动。

例如，从 NFT 交易平台上购买了 NFT 艺术品后，我们可以将其装饰在自己的虚拟房间里，或是带到其他社区空间进行展示。

在交易结束的那一刻，该交易历史就已经被记录在个人的区块链上，从交易平台到元宇宙，再从元宇宙到其他社区空间，只要带着装有该作品的钱包，我们就能在平台间来去自如。

用刚刚的话说，这就是"把买的衣服从商店带回家，放进衣柜里，改天再穿着它出门"。

人将再次成为"所有主体"

在现实世界中，拿着自己的所有物自由行走是理所当然的事。

买了的衣服当然可以从店里带回家。或者换个例子，人们可以拿着自己的账本去找会计师或税务师，因为账本是自己的东西。但在 Web2.0 的世界观里，一旦在线上记账，内容都是和平台绑定的。

虽然也存在能够将内容导出到其他平台的情况，但这也仅仅是因为该平台有相关机制，而主导权仍掌握在平台手中。这一点和 Web3.0 有很大的区别。

记录在区块链上的交易历史都在自己的钱包里。

如果想进行财务结算，只要在结算网站中输入自己的钱包地址，瞬间便可完成。如果想要报税，也只需在税务网站上输入钱包地址，同样是瞬间完成。在以后的加密经济中，这种方便的应用将陆续登场。

即使一开始选择的应用不怎么顺手，之后也能找到其他心仪的应用。找到后，就可以在新的网站中输入自己的钱包地址。

我目前在使用加密资产税收报告生成服务——Koinly，以及可以集中管理钱包的 Zapper 等工具。有了它们，我就能迅速办好各种事务，比如在区块链上进行结算和报税。只要将自己的钱包连接到专用的会计工具中，就能自动进行结算，甚至能将其导出为相应国家所规定的格式。

这里所做的事，就是让区块链上存储的数据可以在任意网站上进行操作。由于人们可以根据需要对工具进行自由组合，因此这种特征也被称为 Web3.0 特有的"可组合性"。

但正如所见，我们只是在网站中填写了钱包地址，数据并未转移到其中。参考源始终是区块链，而钱包中的数据也始终是自己的所有物。

在 Web2.0 中，这样理所当然的事却未能实现。

横空出世的区块链技术给了我们从平台处收回所有物的可能。换一个更正式的说法，人将重新成为数据的"所有主体"。只是，其中仍有一些平台设定是无法将任何东西带出的。

我曾经在某个 NFT 交易平台上买过一件 NFT 艺术品，购入后却发现无法将其放入自己的钱包。我问客服是不是发生了故障，却被告知"买家是无法将作品放入钱包的"，这令我相当吃惊。

这并非故障，而是规定。明明已经用上了区块链，想法却还停留在 Web2.0，我对此深感不解（但在那之后，该交易平台的商品就可以被放入买家钱包了）。

还有一些 NFT 交易平台不仅不能将买家购买的 NFT 放入买家钱包，还在付款后会马上跳出"是否转卖"的消息。

也就是说，它们是基于"反正都要转卖，那就没必要放进钱包了"这样一种想法。然而，作为享受 NFT 长期持有价值的人，我不免感到些许冒犯。

虽然 Web3.0 将重新使人成为所有主体，但同刚刚所举的例子一样，有些人一边做着具有 Web3.0 特点的事，一边又在其行动中透露出不符合 Web3.0 时代的想法，这也是不争的事实。

管理自己的"信誉"

我已经多次提过 Web3.0 的技术基础——区块链。

如前文所述，在区块链中无法篡改交易历史，区块链具有很高的透明度和可信度。但从个人钱包的角度出发，这也意味着"自己的交易历史将毫无保留地公开给所有人"。

在互联网的浏览或网飞（Netflix）的观看中，任何人都能轻松删除不想被他人看到的历史记录，也可以开启"隐私模式"。现在请大家想象一下，这些功能将统统无法使用的状况。一个人将很有可能因为一个小小的浏览历史，就被打上"原来他是这种人"的耻辱烙印。

"区块链的高透明度"对于浏览的一方来说意味着安心，但站在被浏览的一方来看，则很有可能招致不必要的误解和批评。

或许有人会因为钱包内容招致的负面评价而受伤，但只要没给日常生活带来实质性影响就还不是问题。

然而，随着人们在加密经济中的活动越发频繁，一旦转变为赚钱的立场，"钱包内容干净与否"（是否进行过不正当交易）就可能对自己的工作带来影响。

隐私问题自然也要考虑在内，但查看这些人的钱包和历史已经成为一种 Web3.0 式的人物评价方法了。我自己也会去查看自己关注的一些 NFT 收藏家的钱包。

或许有人同时持有好几个钱包，在不同场合使用不同的钱包链接，就像在不同场合使用不同的网名、头像和虚拟形象。

在 Web2.0 中，很多人会把推特和 Instagram 账户分为"公用"和"私用"，同样，在线上交流空间中使用多个身份是当前一种相对流行的趋势。

在此基础之上，在今后的 Web3.0 时代，"身份管理"作为一种"信誉管理"将变得尤为重要。

在不同情境中做不同的自己

自我其实是包含了多种要素的复合体，例如男性、父亲、某一社区的中心人物、投资者、游戏玩家等。可以说，这一个个要素都被装进了名为自我的容器当中。

这样，一个完整的自我所参加的每个社区都有其自己的背景。比如父母的社区中有育儿背景，投资者的社区中有金融背景，朋克爱好者的社区中有朋克文化背景……

能否根据情景选择相应的言谈举止，决定了自己的信誉如何。假如我们在朋克的状态下进入父母的圈子，并且说了些惊天动地的话，必然会招来他们的横眉冷对。人可以拥有任何一面，但为了建立良好的人际关系，我们必须在不同场合下选择合适的那一面，这是社会生活的常识。

元宇宙中就不存在"一种身体对应一种身份"这种前提条件。因此比起现实世界，我们可以更轻易地在不同场合使用不同身份。

这也可以归类于刚刚提到的虚拟形象等在不同场合中的用词。我们以日语为例，最简单的例子就是第一人称的区别。"boku"（男性自称，给人年轻、文弱的感觉）、"ore"（男性自称，较为豪放，不得对长辈使用）、"watashi"（男女均可，最常见的自称）、"watakusi"（男女均可，在公开场合使用，郑重用法），仅这一个词的不同用法，就能反映出完全不同的身份个性。

我们可以只将当前情景所需的信息与身份相关联。比如在某款游戏中，只公开自己作为"某游戏住民"的信息；在投资场合，只公开自己"投资者"的身份；在相亲时，只公开自己作为"某人的候补伴侣"这一信息。

反过来说，我们可以隐藏对于当前情景无用的信息。在某款游戏中，无论大人、小孩，还是贵族、平民，都可以作为该游戏的住民，在游戏世界中努力获得成功。换言之，我们可以从现实世界的属性中解放出来。

这并不是在逃避现实。在此我想提一个问题：我们是否有必要在任何场合都展示出自己的全部？

如果用现实世界来比喻的话，就像"在区立图书馆借书"一样。为了申请区立图书馆的借书卡，我们需要的只是"该区居民"的身份。只要能提供相关材料证明这一点，谁都可以借书。

目前，在 NFT 的发行基础——区块链中，人们研发了一种名为"零知识证明"的技术，当某人想证明一些特定事情，比如自己是"该区居民"时，即使不公开个人机密信息也可以进行证明。也就是说，既具透明度，又有"隐秘性"。

如此，在 NFT 纵横交错的元宇宙中，只以"当前所需的身份"存在这件事可以变得更加自由自在、丰富多样。

与本人毫不相关的世界

现今，加密经济中出现了一个有趣的现象。

无论一个人在现实的银行中获得了多么良好的信誉，在加密经济中都未必能得到认可。一些大型风投公司反而会投资一些以假名示人的人经营的项目。这是由于加密经济不问"英雄"出处，只看重成绩和发展潜力。

实际上，无聊猿的四名创始人——Gargamel、Gordon

Goner、Emperor Tomato Ketchup 和 No Sass，也都以假名示人，他们也获得了高度的赞许。

加密经济重视"你做了什么"，即所谓的贡献度。你在法币经济中的信誉并不会影响你在加密经济中的信誉，在这种情况下，对 DAO 和 NFT 感兴趣的人开始拼命在加密经济中创造良好的信誉。

在不同场合切换不同身份，根据语境选择相应的言谈举止，根据场合只公开必要的信息，不管法币经济中财力如何，努力提高在加密经济中对社区的贡献度，这些都是以"身份管理"形式进行的信誉管理。

第 4 章

教　育

社会将摆脱学历至上主义

比学历更能证明个人才能的事物

在 Web3.0 中，"学习"将会发生怎样的变化？ Web3.0
时代所需要的教育又是怎样的？

首先可以说的是，Web3.0 将会逐渐削弱日本人长期奉
行的"学历至上主义"。

这是因为区块链会——记录以往经历，且无法删除或
更改。如果它今后能取代简历的位置，那么和一纸文凭相
比，区块链显然更能清晰准确地描述一个人的能力和资质。

它不仅包括在学校学习的内容，还包括这个人在校内
外参加过什么活动，进入社会后在什么社区中做了多少贡
献，取得了怎样的成果等。随着 Web3.0 的科技逐渐渗透全

社会，以上这些都将成为衡量个人能力和素质的指标，我们即将迎来的就是这样一个时代。

在上一章中，我以"身份管理"的角度介绍了如何管理自己的"信誉"。今后，基于过去经历建立信誉的方法也会发生巨大的改变。

在前文介绍过的"Henkaku"社区中，成员们正在努力建立自己在新时代的信誉。将来，他们会被问到完成了什么任务，有多少社交网络粉丝，取得了什么成就，收到了多少 $HENKAKU，在 DAO（社区）做了什么，在 GitHub（软件开发平台）上参与了什么项目，等等。他们将自行管理和公开多种身份下的不同事项。

从谁手中接过任务、接受评价和获取报酬，这些都将被社区记录下来。这些记录将成为一个极为客观的个人简介，不包含任何主观的猜测。

有了如此详细且完整的个人简介，简历上的"学历""工作经历"等都将黯然失色。

学习与工作将融为一体

这种"比学历更能证明个人能力和资质的档案"，有时也会带来全新的学习机会。

现在的教育，基本上在完成几门课程、获得文凭后就结束了。除非你是专业人士，否则将很少有机会在工作场合分享自己所学到的东西。换言之，学习和工作（挣钱）是分开的。

理想情况下，"学习""工作"和"玩乐"应该是融为一体的，缺了"玩乐"，"学习"和"工作"的动力和创造力很可能会受到影响。而现代的种种问题不也源于此吗？我在后文会继续讨论"玩乐"的重要性。

在 Web3.0 中，我们可以公开自己的所学所想，且任何人都可以查看。这可以使我们的能力和资质得到检验，也为我们带来了结合他人的发现学习新知的机会。

可以说，完成课程并不是结束。"再学习"，也就是将获取的知识进行融会贯通的过程，会更容易出现于 Web3.0

中。一边学习新知一边完成任务，就像打游戏时磨炼技术、不断升级，最终通过游戏关卡一样。

在 Henkaku 社区中，玩乐已经成为一种和学习相结合的关卡。为了解决某一问题，成员必须学习相应知识，问题解决后，就会得到 $HENKAKU 作为"通关奖励"。

实际上，也有学校将学习变成了一种关卡。

"42"是一所最早创立于法国的编程学校，如今它在美国、日本乃至世界各地都开设了分校。该校并没有老师，有的只是需要攻克的难题。学生们会以"同伴学习"（peer-learning，即学生合作学习）的方式解决问题。我上大学的侄子就在这所学校就读，他说在"42"的学习时光非常快乐。

该校为学生提供了极高的自由度：不问履历，不收学费[○]，24 小时全天开放，允许线上学习，也没有"学年"和"毕业"等概念。每个人的学习任务都呈现为一个双六棋盘状的矩阵图，学生需要一点一点将自己想学的部分填满。

○　赞同该理念的公司负责出资运营。

这里的学生学习的最终目标是能够昂首挺胸地对自己说："我在这所学校掌握了这样的技能！"

这种学校形态是受到了游戏的启发，允许个人按照自己的意愿学习，并且要与同伴进行协作，而不是采取传统自上而下的教师讲课的模式。或许正是在一切要素都分散化（去中心化）的 Web3.0 时代，该学校形态才会引起人们的关注。

学习动机孕育热情："参与型教育"兴起

随着互联网从 Web1.0、Web2.0 进化到 Web3.0，从"阅读""书写"到"参与"，我们可以做的事在增加。这一点也适用于"学习"方式。

在 Web1.0 中，即使不去图书馆借书，在网上也能学到各种知识。当然，有些知识只能从书本中获得，但互联网的确为我们在学习知识的过程中提供了一种合理且高效的选择。

在 Web2.0 中，多了一种新的学习方式，即"自己撰写并传播信息"。我们不再单方面从书本及互联网上汲取知识，而是通过发布自己的观点同他人进行双向讨论，从而拓展学习的深度。

Web3.0 的"参与性"学习，用一句话概括，就是和他人进行合作。首先获取知识，随后利用获得的知识发布信息，最终在前两项的基础上和他人合作，一起创造出一些全新的东西。这个过程中发生的就是学习的一体化。

然而，Web3.0 式的学习需要一些热情。如果不是发自内心地想要做些什么，达成什么目标的话，我们很难踏出那一步，去和别人合作进行新的创造。

这就给现代日本提出了一个问题。

美国的某研究机构曾就儿童教育发布过一篇十分有趣的报告。

它将上过学前班[⊖]的儿童和没上过学前班的儿童进行了

　⊖　该报告中的学前班主要是美国的公立学前教育机构，以教授集体行动为目的，并非所有学前班都呈现出这种倾向。

对比。结果发现，在进入小学的前几年里，前者成绩比较好，但升入三四年级后，后者的成绩却反超了前者。

上过学前班的儿童都会听老师的话，认真学习，这些"乖孩子"很擅长完成他人布置的任务，却没有掌握主动学习的技巧，或者说，欠缺创造热情的能力。

因此，在刚上小学的那几年，作为一种学前教育的延伸，只要听老师的话就能取得好成绩，但渐渐地他们就会感到筋疲力尽，产生"我究竟为了什么而学习"的想法。找不到学习的内在动机，学习成绩就会一落千丈。

同时，没上过学前班的儿童没有积累过所谓的学习经验，所以刚开始无法取得好成绩也很正常。

然而这部分儿童在上小学前尽情玩乐过。"玩乐"可以培养人的好奇心、以"玩乐"的心态看待周围的能力和"什么都想知道、想尝试"的积极性。

简言之，丰富的"玩乐"经验培养了创造热情的能力。对于有这种经验的孩子来说，小学开始的学习也像"玩乐"

一样。他们会沉浸在"学习新事物很有趣"的体验中。这样一来，学习的内在动力会自然而然地增长，他们主动学习的时间越长，成绩自然就越好。

那么日本人应该如何看待这篇报告？

日本教育已经被多次指出存在以下问题：生产如流水线上出来的儿童的标准化教育，充满被动的学习，不允许儿童发挥想象力和创造力的教学方式等。"教育改革"一词甚至已经被用烂，实际上似乎并没有什么变化。

这世界上有很多"乖孩子"，他们会一丝不苟地完成他人布置的任务。然而很少有人能追寻由内心深处迸发而出的热情——主动学习，去创造尚不存在的全新事物，丝毫不在意被他人当作"怪胎"。这就是现实。

在我撰写本书的时候，日本的诺贝尔奖获得者共有 29 人，再看美国，仅我就读过的 MIT（麻省理工学院）就有 98 人。我认为这种差异清楚地表明了日本和美国在教育方面的差异，因为诺贝尔奖级别的划时代理论、全新发现和发明，绝不可能出自一个听话懂事的人之手。

然而，美国的极端个人主义也有问题，所以我们并不应该什么都要模仿美国。日本目前面临的挑战不是如何使教育美国化，而是如何实现基于热情的学习。

这些问题的解决方法之一，恰好就在 Web3.0 中。

这是我某个朋友 14 岁儿子的故事。他已经加入了 DAO，并且正在制作一些 NFT，但他经常会问我这样的问题："我要怎样才能向社区的开发者付款？"

他出生于 Web1.0 时代前后，正好是一位数字原住民。所以他已经积累了在互联网上"阅读"和"书写"的经验。

在此基础之上，他正在进行 Web3.0 式的学习，和他人合作创造一些新东西。这时，他首先要明确自己想做的内容，然后去掌握相应的知识。积极参与 Web3.0 这种行为本身，其实就促进了 Web3.0 时代所需的基于热情的学习出现。

文理分科毫无意义

当我以常年置身于美国教育现场的身份去回望日本的教育时，我感到十分失望。

日本并不是完全没能培育出任何优秀的技术人员，准确地说，应该是有能力的技术人员没有得到该有的社会地位，所以无法发挥出他们全部的潜力。

日本教育长期以来将学生分为文科生和理科生。文科生的职业道路被划分到综合岗位，而理科生则被划分到专业技术岗位，因此社会上似乎形成了一种等级结构，即"理科人才按照文科人才制订的计划工作"。

在战后⊖经济快速增长的时期，区分文理科的教育机制尚且行之有效。当时制造商这一技术集团负责制造产品，而综合贸易公司这一文科集团则负责不断将产品卖到国外。

然而大量生产、大量消费的时代已经过去，在 Web3.0 的影响下，各个领域即将发生大规模的分散化（去中心化）。

⊖　是指第二次世界大战（简称二战）后。——译者注如今，重新审视教育机制已然刻不容缓，这是一项能极大改变日本国力的改革。

我们需要的不是细枝末节的教育改革，而是大到足以撼动社会结构的巨大变革。

从前，人们只知道用木材建房子，后来则出现了混凝土、玻璃等新建材。然而，如果我们只考虑外观，不摸清这些建材本身的性质，那么即使换了材料，外观发生了改变，造出来的还是同样结构的房子。

只有理解了建筑的结构，并且结合对混凝土、玻璃等建材性质的了解，我们才会产生不同于以往任何建筑的全新灵感。这样一来，建筑从结构上发生了变化，城市的设计和功能也随之发生了变化。这才是真正意义上的结构变化。

放眼当今的日本，一群对建材一窍不通的人正在对着建筑外观大谈"未来的建筑应该是什么样子"。

对科技一知半解的人正在描绘国家蓝图，制定未来目标。这居然是技术全盛时代发生的事情。这样看来，也难怪蓝图和目标都偏离了正确方向。

纠正这种不合理的现象，正是我目前在千叶工业大学变革中心所从事的工作。

我在 MIT 媒体实验室担任主任至 2019 年，该实验室是建筑学院的一个研究机构，那里最重视的是将艺术、科学、设计和工程等学科进行交叉融合。我与哈佛大学法学院的学生合作进行了许多令人兴奋的尝试，比如从技术和法律角度思考人工智能的未来等。

我在千叶工业大学也持有相同的理念，希望营造一个让工程师能够同时学习法律、经济、美学等方面知识的环境，从而培养出大量在企业或国家中发挥领导作用的优秀人才。

让技术人员从"承包"中解放出来

本田技研工业创始人本田宗一郎有一张的著名照片。

本田先生将手放在地上，一辆摩托车正好从他面前驶过。这是一位创始人用整个身体感受发动机噪声异常的场景。它反映出了一个对技术了如指掌并且亲临一线的领导者形象。

此外，索尼成为二战后日本领先的创新公司之一，与创始人自己就是工程师这一事实不无关系。果然领导还是应该由对技术有充分了解的人来担任，这一点十分重要。

无论国家还是企业，现在都陷入了一种"解决主义"（solutionism），倾向于将一切看作任务并加以完成。在接下来的时代，为了追寻真正的创造性，我们一定要学会刨根问底。

在这一点上，在 Web3.0 中勇于挑战新事物的年轻人似乎做得不错。他们一边扪心自问"到底是什么导致了现在的情况"，一边运用新技术，创造新概念。正是因为对技术有十分深刻的理解，他们才能从"打破砂锅问到底"中创造出全新的价值。

因此，要通过大学教育尽可能实现技术人员价值和潜力的释放。

正如我在前面提到的，日本的理科人才似乎甘于听从文科人才的安排，处于一种"承包的立场"。我想，这也是由于技术人员已经习惯了"如同手艺人一般，为文科人才想象出来的事物赋予实体"。

当了解技术的人用美学进行创作时，就会创造出有趣的事物。如果我们能打破"文科人才负责想象，理科人才负责制造"的结构，让技术人员的价值得到更多重视，在各个领域都能够发挥出自己的能力，想必日本国力一定会随之提高。

以证券公司为例。如果是日本企业，技术方面的业务大多会外包给 IT 企业。美国企业则不然，技术人员占了员工总数一半的情况是很正常的，甚至不少企业的董事都是工程师。

我认为日本也应该引入这种模式。为了达成这一目标，首先我们要做的就是解放技术人员。

同时，我们也有必要从文化学、社会学的角度来看待科技。

我希望文科生能利用文科知识来更好地了解科技，例如通过学习区块链的工作原理，来思考 DAO 和 NFT 的可能性，而不是在一知半解的情况下去使用它。

有一群人被称为媒体艺术家，他们使科技与艺术表现相互交融。在街头艺术家当中，似乎有不少人是科技迷。在这些令人期待的活动的影响下，我期待文理科在日本能够真正融合。

Web3.0 有用吗？答案就在你心中

"项目式学习"（project-based learning）旨在思考和学习完成一个项目的必要条件。"目的式学习"（purpose-based learning）则是将目光投向了项目之前的"目的"。

举个例子。我们已经有了"生活在空气清新的环境

里""喝到干净的水"的目的，接下来就要思考达成目的的
必要条件。在项目开始后，着手学习那些必要的内容。

在项目式学习中，如何设计项目起点以提高儿童积极
性是一个重要课题，他们所采取的方法是从儿童的兴趣爱
好出发来设计项目。

目的式学习是首先有一个大的目标在前，那就是"想
为社会做贡献"。随后，在这个大目标之下，人们开展了各
种项目，和志同道合的伙伴一起学习必要的知识，进行实
践活动。目的会孕育热情，从而成为学习的动力。这一过
程和本书提到的 Web3.0 中的 DAO 完全一致。

这让我想起 Web1.0 那会儿我在初中开讲座时，经常被
问到的一个问题："互联网有用吗？"

对此我的回答是："你有什么感兴趣的东西吗？如果没
有，那么互联网对你来说没什么用。"

换言之，互联网是获取知识和信息的全新手段，如果
一个人没有什么想了解的知识或信息，那互联网对他而言

就是无用之物。"有没有用"的答案不取决于科技，而取决于你自身，这就是我真正想说的。

在这一点上，Web3.0 也一样。Web3.0 的科技具有划时代的意义。然而正如我们在本书中经常提到的，技术是一种工具，其有用性在很大程度上取决于用户的目的。没有目的，Web3.0 将和 Web1.0 一样无用。

想到这里，"目的性学习"就引起了我更强的共鸣。有了"想为社会做贡献"这个大目标，Web3.0 的科技就会发挥巨大的作用，社会也将变得更美好。

然而，想拥有大目标也不是一件容易的事。这里，我要提一个会对未来教育产生重要影响的话题——**"创新自信力"**（creative confidence，对于自己创新能力的自信）[⊖]。

如果一个人小时候不断遭到否定，就会产生一种认为"自己不行"的自我意识，从而无法自由地思考。

　⊖　出自《创新自信力：斯坦福大学最受欢迎的创意课》，作者是汤姆·凯利和戴维·凯利。

这样一来，即使有了自己的想法或意见也无法充满自信地表达出来。这意味着这部分人很可能缺乏"创新自信力"，还有可能，他们只擅长完成上级指令，没有一点儿想象力和创造力。

在 Web3.0 的 DAO 所代表的分散化（去中心化）社会中，主动举手提出"我会做这种事""这个怎么样"至关重要。缺乏创新自信力的人很难在这种社会中崭露头角。

创新自信力可以通过周围人的支持来获得。

包括先前提到的池上英子研究的神经多样性观点在内，我认为社区有必要尊重每一个拥有不同个性的个体，让他们能以自己的方式成长。

培育真正的"企业家精神"

正如序章中所说，2022 年被称为" Web3.0 元年"。这些新科技才刚刚踏出第一步。

无论 DAO、NFT 还是元宇宙，我们如何将这些科技带来的成果真正应用到我们的生活中去？围绕这一问题，不断有人在提出自己的想法。

尽管还有一些问题尚未解决，但科技已经具备了较为稳固的基础，接下来就看人们能想出什么样的办法。这时，日本却出现了一个新挑战——很难培育出企业家精神，即提出新想法后，能够大力推进并实施的能力。

例如，DAO 最有趣的地方就在于它没有股东、经营者和员工之分，项目由包括用户在内的所有人来管理。这意味着任何可以由用户共同经营的业务都能成为 DAO，并且可以在尽可能平等和分散的治理下运行。

比如，我们现在能看到一些相当有趣的举措。有些社区将自由职业者的接单网络 DAO 化，从而改变了"劳务公司在中间赚取高额佣金"的现有结构。

就连 NFT 也是，如果人们能将"非货币性价值"和"长期价值"看作一种资产，我们就可以将许多事物转化为 NFT。之前提到的演唱会门票 NFT 化就是一个很好的例子。

此外，在 DAO 和 NFT 的影响下，地方自治和国家治理会渐渐走向分散化（去中心化）。这一点我将在下一章详细说明。

然后就是元宇宙。它使我们能超越时空地同他人交流，还可以进行金钱（代币）及物品的交易。听到这一点，估计很多人都会产生这样的感慨——这就是不远的未来。

显然，最容易接受虚拟现实的就是游戏玩家，但如果就此认为它只适合游戏玩家则未免有些可惜。如果我们将其看作一种通过将人们从身体和属性中解放出来，从而赋予现实世界的人们以力量的事物，那么利用元宇宙的新想法将会以井喷之势出现。

如果每个人都能自由提出想法，大家集思广益，并且为了实现这些想法开始努力奋斗，我相信日本终将走进 Web3.0 社会。然而还有一种可能性，就是大部分人其实并不期待分散化（去中心化），结果就是一切事务将被委托给大平台。

事实上，有几个平台已经宣布将创建自己的区块链。然而，一旦我们在那里建立了一个网络，就不能再将它带到其他平台。这样的平台只在技术方面使用了区块链，精神方面和 Web3.0 没有任何关系。

我个人认为，Web3.0 的分散化（去中心化）具有很大的意义和潜力，因此我希望迎来一个精神和技术方面都具备 Web3.0 特性的未来。

为了实现这一目标，我们必须培育出真正的企业家精神，而关键就在于我们能否培育出我目前所谈到的"目的""热情"和"创新自信力"。

第 5 章

社会治理

全新的治理模式将得以实现

全新的治理模式

新潟县长冈市的山古志地区（原山古志村）目前是一个有 800 名左右居民的社区。或许不少人都还记得，2004 年新潟中越地震后，该村 2200 多名村民都被迫撤离避难。

2021 年 12 月，作为地区振兴的一环，山古志地区提出了一项措施，他们将画有风靡全球的当地特产——"锦鲤"的数字艺术品 NFT 化后进行出售，购买者可以成为当地的"数字村民"。这是世界上一次前所未有的尝试。

他们向数字村民发行了"数字居民证"。数字村民可凭此证参加地区振兴的项目会议，并为"数字村民选举"投票。截至目前，当地 NFT 的发售已经进行到了第二期，数字村民的数量已经超过了真实村民。

NFT 将成为数字村民的身份证，同时可以作为他们参与村庄治理的凭证。此外，截至 2022 年 3 月，还没有人将这一 NFT 转手卖出。在对非货币性及长期价值的利用这一点上，这的确是一次充分利用了 NFT 特性的绝佳尝试。

上述 Web3.0 的尝试向我们展示了一种可能，即今后 Web3.0 在行政领域得到普及后，治理去中心化进程将会加速。

目前日本的国家治理采用的是代议制民主（间接民主），选民选举出他们的代言人，代言人当选后在议会中讨论和决定政策。

然而 Web3.0 最大的特点就是分散化（去中心化），在 DAO 中，工作和工作方式都将变得分散化，这一点我在第 1 章已介绍过。同样地，行政系统也可能由中心化走向分散化（去中心化）。

代议制的问题在于，"议员为选民发声"会逐渐变得有名无实。事实上，议员很有可能通过一些违背选民意愿的政策。

比如国民缴纳的养老金均由国家委托的 GPIF（日本政府养老金投资基金）进行管理，那么它究竟把钱投资到什么地方了？

那些钱有一定的可能性被投资到一些违背员工（缴纳养老金的员工）利益的企业身上。从员工手中集得的资金最终流向了他们最难以接受的企业。如果事实当真如此，想必会招致公司员工的反感。

如果缴纳养老金的大多数人是公司员工，那么该决策就违背了选民的意愿，但我们无法参与任何投资机构的决策。

那么，如果养老金管理机构成为 DAO 呢？

决定将养老金投资于何处的过程将立即变得直接。如果你想加入其中，并对养老金的去向提出自己的意见，只要购买"养老金管理 DAO"的治理代币就可以。

只有钱是无法参与治理的，但有了代币，我们就可以确保自己持有的资产流向自己期望的方向。

在代议制中，一切事项都要交由议员决定。但如果利用 Web3.0 技术进行改革，新的系统又会变成什么样呢？

例如，可以针对每个问题组建项目小组，项目由参与项目小组的所有选民共同治理，这将使政策更好地反映国民的声音。

实际上在山古志地区的例子中，持有 NFT 的数字村民都可以出席地区振兴的项目会议。行政管理的某些部分已经不再是村委会成员进行决策的代议制了。

以山古志地区为首，今后我们可能会看到更多这样的例子。他们将家乡的税收 DAO 化，全体 DAO 成员共同决定如何使用从全国各地汇集来的资金。

还有一些地区已经引入了数字货币，只要使用手机结账就能获得积分。在这些地区，那些积分也能起到和治理代币相同的作用。严格来说，该系统目前还不属于 Web3.0，但是，今后它一定会成为一个 Web3.0 系统，使所有居民都能直接参与地区行政决策。

不难想象，这些尝试首先会在各市町⊖村进行，随后扩展到都道府县⊜，最后遍及全日本。

如果 Web3.0 能够超越小众群体，吸引大多数国民加入，世界一定会发生改变。或许在机制上尚有不完善之处，但我相信它一定能促进各地治理去中心化进程的加速发展。

如何避免落入社会治理的陷阱

随着治理变得更加去中心化，可能会出现其他问题。比如，治理的透明化会导致社区决策民粹化。

即使所有信息都被公开，如果不理解其中的意义，投票时也很难做出正确的判断。有些人只看表面，有些人则会被周围人的意见所影响。如果一切都变成了人气竞赛，

⊖ 町是日本行政区划，相当于中国的镇。——译者注
⊜ 都道府县也是日本行政区划，与中国的省、自治区、直辖市类似。——译者注

治理就可能走向民粹化（过于迎合大众）。

问题在于，如何在确保透明度和避免民粹化之间保持平衡。

例如，一种办法是将投票权委托给那些有知识且值得信赖的成员。虽然这意味着将决策权交给他人，但至少他们可以直接表达自己的想法，这比现行的代议制更加透明。

此外，目前人们还在进行各种各样的讨论，比如在DAO 中建立专家云集的"子 DAO"，一些重要事项的决策都在那里进行。

有了 Web3.0，治理就能变得更加透明。然而仅有透明度还不够，因为理想主义有可能会落空。尽管我在前面对代议制有一些批判性的描述，但代议制比去中心化程序更复杂，所以在人们看来也更加严谨、缜密。在某种程度上，引入代议制系统有助于提高 Web3.0 式治理实现的可能性。

此外，我们有多种方式来决定治理代币所包含的"投票权大小"。例如，可以将根据出资数额发放的治理代币直接和"投票权大小"挂钩，但是这样做并不公平，它会带来"出了更多钱，意见就更容易被通过"的风气。

这时，我们可以将人们对社区的贡献度和履历反映在投票权中。

如此，我们就可以在 Web3.0 中进行前所未有的盛大实验。我的朋友劳伦斯·莱西格（Lawrence Lessig），世界上最有名的宪法学者之一，认为这一点是 Web3.0 最有趣的部分。

现有世界对新经济圈的治理尝试

面对存在感逐步上升的 Web3.0，现有世界会做出怎样的反应？

恐怕有不少人带着半分怀疑、半分希望看待 Web3.0，有人认为它"可疑""危险"，还有人觉得它"有趣""有用"。目前，日本国内反对的声音还不是很多。

然而，随着 Web3.0 的发展和新经济圈（加密经济）的影响与存在感日益上升，法币经济一侧的危机感可能会增加。受其影响，法币经济可能会从核心部分开始对新经济圈加以限制。和其他代币相比，稳定币实际上发挥着和法定货币相似的作用，目前来看，稳定币受到的管控也越发严格。

尤其法币经济坚如磐石的国家，对加密经济抱有强烈的戒心。强大的货币、中央银行、政府、大企业、现有产业，它们有"太多东西需要保护"。

如何对加密经济进行限制，还是说不限制比较好？在这一点上，其他国家也经历了一些波折。总而言之，由于加密经济是一个全新的经济圈，所以人们尚且处在一个不知如何是好的试错阶段。

欧洲发生过一件罕见的事。德国一宣布加强对加密资产的征税力度，大家就逃到了葡萄牙，而葡萄牙也随之加强了征税力度。美国也是一个对加密资产征收重税的国家，因此许多人逃到新加坡和开曼群岛，那里的税制对他们来说更加有利。总之，为了逃避重税，加密货币的持有者处于全球大逃亡的状态。

在这方面，法币经济本身就很脆弱的国家往往会快速被加密经济渗透，比如政治不稳定的国家、没有强大产业支撑且货币竞争力低下的国家。这是因为它们相信，它们唯一的机会就是在加密经济中找到生路。

让我们看一下 DeFi 利用率的排名，事实上，日本的排名相当低，许多新兴国家则名列前茅。这表明，那些对自己的经济感到担忧的国家更有可能被加密经济所吸引。

那么，在日本这种法币经济坚如磐石的国家，加密经济会成为仅此一次的浪潮，随后彻底消失吗？

从结论上来说，不会的。这是因为，无论法币经济一侧的危机感如何增加，只要有足够多的人渴望加入加密经济，其发展就会势不可挡。

人们会逐渐接受加密经济

在 Web1.0 时代，最初也有过一场试图通过鼓吹互联网非法来消灭互联网的运动。

然而，随着后来互联网的迅速传播，这种运动自然而然就消亡了。一旦"有互联网的生活"成为既定事实，就没人能消灭它，甚至那些曾经反对互联网的人也开始理所当然地使用它。

我还需要补充一点，互联网并不总是处于连接状态，有时会掉线。在互联网黎明期，社会并不能很好地接受这一特点。但随着时间流逝，人们也就逐渐接受了。

社会对于加密经济的态度想必也会经历一个类似的过程。

例如 DeFi，如果只是稍加说明，想必大部分人都理解不了它究竟是什么，因此人们往往会觉得它"危险""可疑"。但只要稍微接触一下，应该就能了解到以下事情，比如它功能正常、运作稳定，对人们很有用，只要稍加注意就不会出现大问题等。

一旦这种经验传播给大多数人，"用 DeFi 理财"就会成为一种既定事实，就会像 Web1.0 的互联网一样，不再有被消灭的可能。

自主运行的 DeFi 中原本就不存在"经营主体"，因此想要管控也找不到对象，且法律上还没有关于 DeFi 的定义。如果真的想要管控加密经济，只能叫停互联网和区块链本身。先不说其成本之高，能不能做到这一点还是个问题。

加密经济如今一骑绝尘，已经超越了国家范畴，走向了全球。

换言之，许多人已经被加密经济所吸引，指望保守势力反对并将其击溃是很不合理的。今后，随着相关法律法规完善，想必加密经济会以指数级速度扩张。

不得不知的加密经济治理风险

尽管加密经济有许多优点，但也伴随着风险。随着加密经济的扩张，中央银行可能会失势，无法再像现在一样控制经济。简言之，我们可能面临经济中的弹性问题。

即使对加密经济很难加以监管，也不能使其沦为不法之地，我们需要加强安全方面的保障。

勒索软件（恶意软件的一种）是随着加密资产的出现而产生的一种犯罪工具。

不过，犯罪高发也提高了人们的防范意识，加强了警察打击网络犯罪的能力。但敌人也并非等闲之辈，因此双方很容易陷入拉锯战。随着加密经济的普及，类似网络犯罪的危害性也会逐渐上升，因此我们需要保持最大程度的谨慎，不惜一切代价遏制网络犯罪的发展。这样一来，人们遭受的损失也会减少。

美国科洛尼尔管道运输公司（运输石油、天然气等）在2021 年遭受到一次大规模勒索软件的攻击，FBI（美国联邦调查局）经过搜查，成功收回了 63.7 枚比特币（约 230 万美元，折合人民币约 1600 万元），相当于赎金的一半。

有些犯罪反而在加密经济中更容易被遏制。虽然法币经济中的金融机构无法阻止所有的非法支付结算，但虚拟货币交易的高透明度意味着我们有许多办法打击违法行为，比如试图隐藏通过灰色手段获取的收益和持有者来逃过法律制裁，进行洗钱的违法行为。

当然，用加密资产洗钱在物理上要比携带一个装满现金的手提箱容易。虽说容易，但也更容易被追踪和逮捕。从结果上来说，利用加密资产洗钱的行为最终会减少。

因此，虽然加密经济在短期内会造成大大小小的犯罪损失，但从中长期来看，我相信安全手段会得以升级，变得更加强大。

当然，我们也要时刻关注犯罪动向，始终注意提高安全意识。

或许有人会担心，部分别有用心的国家可能滥用虚拟货币。从现状来看，虚拟货币的规模还没有大到足以覆盖国家预算。然而，如果虚拟货币在全球的普及程度越来越高，支付量也急剧增加，有些国家就可能将虚拟货币的使用纳入国家战略。例如中美洲的萨尔瓦多已经将比特币确立为法定货币。

与网络犯罪一样，在别有用心者真正开始滥用虚拟货币之前，我们需要具备足够的防御能力。

如果国家层面开始正式利用虚拟货币，那么冻结当权者资产或将其排除在国际支付系统之外等经济制裁都将失去原有效力。虚拟货币会因超越国家范畴而无法置于国家管理之下这一点，可以说是国际金融体系的一个巨大漏洞。

"新的支配者"将会现身？

我不得不指出，加密经济中可能会出现新的支配者。

原本人口流向加密经济意味着人们脱离了中心化的法币经济体系，但最终有可能出现新的中心化体系。因此我们很可能只是从"旧支配者"的掌控下转移到了"新支配者"的掌控下。

这种情况是否会发生？ Web3.0 最精妙之处——分散化（去中心化），是否会加速治理和金融的去中心化？最初为网络设定的理想是否会成为现实？一切都未知。

唯一可以确定的是，无论我们走向哪一个未来，事情都会朝着多数人想要的方向发展。只要更多人能出于正当目的利用 Web3.0 的分散化（去中心化）特点，更好的社会就有可能被创造出来。

在这种情况下，我们应该积极主动地投入，主动探究"我能用科技做些什么"，而不是摆出被动的姿态，等着看"科技能为我带来什么"。

然而，这可能恰恰是许多日本人不擅长的事情。因此，日本人的首要任务是改变自己的态度，这也有助于提高其科技素养。

在学习 Web3.0 科技为何物并进行使用的过程中，将会培养出一种良好的文化。总而言之，加密经济的扩张对每个人来说都是不可避免的。要想推动它向着对社会有益的方向发展，最好的办法就是让抱有相同目的的人尽早熟练地使用它。

要将人们的意识带向一个更可取的方向，我认为那些走在前面的人有一种责任，就是确保这种文化能够生根发芽。

在 DAO 中找到环境治理的方法

提到对社会有益的目的，各位首先会想到什么？

回答一定是多种多样的，比方说"环境问题"无疑是人类共同的挑战。所以我认为"解决环境问题"就是一个对社会有益的目的。

如前所述，只要科技是由抱有正当目的的人来使用，社会就会朝着好的方向发展。实际上，我感受到了一种氛围——Web3.0 中正不断聚集着希望社会变得更好的人。或许这源于 Web3.0 的分散化（去中心化）的特性。

在 Web3.0 中，环境问题作为亟待解决的事项也被正式提上了议程，而不是停留在一句场面话上。目前，一些 DAO 项目正在积极行动，我似乎已经看到了将来环境问题在 Web3.0 中逐渐得以解决。

例如，温室气体的排放是一个主要的环境问题，但一切国家层面的讨论和努力均未取得显著成效。如果我们将视线投向 Web3.0，就会发现一些有趣的 DAO 正在以各种方式试图降低二氧化碳的排放。

例如，有一个 DAO 的规则是走路出行就能获得代币。其出发点十分单纯，就是要奖励那些不乘车出行，对节能减排、抑制全球变暖做出贡献的人。

此外，有的 DAO 允许人们在别的 DAO 中购买代币形式的碳信用（温室气体排放配额），然后全部储存到其**财库**（类似于 DAO 的金库）中。该 DAO 中积累的碳信用越多，碳市场上的碳信用就越少，碳信用价格就会上升。

对于企业来说，比起高价购买碳信用，减少碳排放更有性价比，最终这将有助于减缓全球变暖。

此外，如果碳信用的市场价格上升，积累碳信用代币的 DAO 也会随之升值。因此，出于环保意识参与该 DAO

的人最终将受益。

碳信用也受到了一些批评。有人认为，"这样做只改变了碳排放的主体，碳排放的总量根本没有减少"。

但是，该 DAO 通过控制市场上流通的碳信用，就能使企业从"购买碳信用以进行碳排放"转变为"减少碳排放"。这是一个十分有趣的案例，可以称其为一次成功的构想。

针对环境问题，即使人类试图举国际社会之力共同努力，也会因为牵扯一些利益及权力关系而无法真正做到劲往一处使。

这种时候，自上而下地推进往往很困难。一些自下而上的基层运动积累起来或许更容易达成目标，就像上述案例一样。如此看来，欲成大事，也未必需要大型组织牵头。

我无法一一列举所有案例，但还有许多 DAO 在努力减少碳排放。它们的想法都很有趣，并且正在稳步取得成果。过去只有政府和大型企业才能参与的事情，现在普通民众也可以参与进来，从这种意义上说，Web3.0 时代的环境治理是一个前途无量的领域。

谁能从新的治理模式中受益，谁不能

展望 Web3.0 新时代，目前我起到的是"桥梁"的作用。

首先，我是上下层之间的桥梁。现在，日本政府中对技术有深刻理解的人并不多，而许多知识渊博的人如今正活跃在 Web3.0 中。我恰好与这两个领域的人都有联系，因此我想在"对技术不甚了解但在治国理政方面拥有权限的人"和"在治国理政方面没有强大权限但对技术有深刻了解的人"之间架起桥梁。

除此以外，在新旧事物之间架起桥梁也很重要。现在活跃在 Web3.0 一线的人并不信任一直在 Web2.0 中工作的人。同样，也有 Web2.0 从业者对 Web3.0 的突然崛起心存疑虑。如果双方能够跨越分歧，走到一起，Web3.0 将成为一场更大的文化和社会浪潮。

从 Web1.0 到 Web2.0，我一直深度参与互联网，并通过自己的活动与 Web3.0 中的年轻人建立了联系，所以我希望我在不同网络时代的人之间也能起到桥梁的作用。

在充当桥梁的同时，我还想通过各种方式为 Web3.0 本身做出贡献。比如目前，我正在给一些 Web3.0 项目投资，还在一些受众广泛的知名媒体上为 Web3.0 进行宣传，或是介绍一些有趣的 DAO 和 NFT。

同时，我虽然不想说丧气话，但也必须给即将加入或刚刚加入 Web3.0 的人提个醒："Web3.0 究竟是什么？""反过来说，什么不属于 Web3.0？"这是大家必须要思考的问题。

有些人用着 Web3.0 的技术，做的却是挂羊头卖狗肉的事——试图将用户锁定在他们自己的平台上，结果导致有人不小心上当，从而让 Web3.0 的效益打折扣。

我感觉日本人似乎对自己的权利不那么敏感。比如点菜时抱着交给对方处理的心态，不一一陈述自己的要求，一切交由厨师处理。或许这是因为在日本，寿司和天妇罗最奢侈的吃法就是"OMAKASE"（无菜单料理，一切由厨师决定）。在这一点上，美国人就完全不同，从烤肉的熟度到意面的咸淡，他们会一一交代清楚。

所以我尤其担心的是，会不会有很多人在上当后也不去申诉"为什么我买的 NFT 不能放进自己的钱包"，而是一味地选择逆来顺受。对此不甚了解的人会觉得这样是理所当然的，但我希望自己能充当他们的向导，避免这样的事情发生。

从"Web3.0 元年"——2022 年开始的头几年或将成为真假 Web3.0 的分岔口，有了足够的知识储备，我们马上就能分辨出其中的差异。为了从 Web3.0 中获益，我们需要主动调查，亲身体验。最重要的是，摆脱一切交给别人的 OMAKASE 式思维。

了解数字时代治理

对于那些想体验 Web3.0 的人，我有一些建议。正如我之前多次指出的，Web3.0 并不是零风险的世界。所以，我们要在多加注意的同时体会 Web3.0 的乐趣。

如果一个人想在 Web3.0 上做些什么，首先需要的就是代币。所以各位需要开通一个"钱包"来存储代币，并在加密资产交易所"开户"，将法定货币（如日元）转换成加密资产（如以太币）。这样就完成了最初的准备工作。

顺带一提，2022 年 3 月，几大以太坊钱包之一的 Meta-Mask 宣布支持苹果支付（Apple Pay），这样大家就可以更容易地将手里的钱转换成以太币。

在开通钱包和账户后，作为初次体验，最简单的就是去购买 NFT。各位可以在 OpenSea 等主要交易平台上浏览一番，看到喜欢的就买下来。

但需要注意的是，现在出现了 NFT 造假以及一种"加密经济式电信诈骗"。只要人们点开陌生人发来的 NFT 链接，他们钱包里的内容就会被瞬间清空。

我为初入 NFT 的新人总结了一些重要事项，烦请各位牢记于心。首先，如果想要享受 NFT 的乐趣，需要注意以下几点：

- 从"丢了也不心疼的金额"开始。
- 对于"出于喜爱的购买"，建议可以尽情购买。
- 要意识到，钱包不是就"你自己"能看见，也是会被其他人看到的。
- 在 SNS 上关注和自己用相同 NFT 头像的人。
- 加入买过 NFT 的"NFT 社区"。

任何事物都是收益和风险并存，NFT 也不例外。希望大家在充分享受乐趣的同时，留心以下"注意事项"：

- 不要因为"NFT 能赚钱"而加入。
- 不要"在短时间内多次转卖"NFT。
- 不要轻易接收 SNS 上陌生人的信息。
- 不要委托别人来"管理钱包"或"决定是否购买 NFT"。
- 不要因为讨厌英语就对 NFT 敬而远之，NFT 是全球性的。

如果各位想在购买 NFT 的基础上更进一步，那么我建议大家体验一下 DAO。然而，如果想在运营方面为一个刚刚加入的社区做出贡献，那可能有些困难。而且 DAO 的基本语言是英语，所以可能存在一些语言障碍。

因此，我建议从观摩感兴趣的 DAO 开始，看看成员之间如何交谈，项目是如何运作的。

CoinMarketCap 是一个列出了全球各种代币市场价格的网站，我们几乎可以在上面找到所有发行、上市代币的项目。

我们还可以用英语输入感兴趣的事 +DAO，如"环境问题 DAO"，或许就能找到最吸引眼球的那一个。

跳转到该 DAO 的网站后，我们可以试着阅读一下它的"白皮书"，其概念相当于信托投资中的说明书，其中总结了 DAO 的设立理念和目的、运作方式以及加入的方法。

许多 DAO 都在使用一个名为 Discord 的聊天软件。因为 DAO 网站主要用来介绍项目主题和招募成员，所以页面上通常会有一个写着"加入我们的社区"（Join our community）的按钮，点击它会直接跳转到该社区的 Discord 频道。

在免费注册了 Discord 账号并按照网站上的指示操作后，就可以加入该 DAO 在 Discord 中的社区了。或许有人会对其中海量的帖子感到震惊，但仔细阅读其内容，应该就能了解这个 DAO 正在做的事。

今后将会有各种各样的 DAO 出现，除了碳中和之外，还会有 DAO 从各种角度思考环境问题，或是创造一些时尚配件为元宇宙增光添彩。

现在已经有不少 DAO 社区（如 Discord）可以免费加入了，比如某些 NFT 游戏的开发商运营的 DAO 是对玩家开放的。

其中也有些 DAO 是日本开发商运营的。所谓百闻不如一见，各位何不试着加入社区，亲眼看看帖子里的各种对话？

但是，我听说 DAO 中有一些骗子会假装成买家，给人发信息询问"能否把你的 NFT 高价卖给我"，试图盗取别人的 NFT 或加密资产，还请各位一定多加防范。

到目前为止，我所介绍的不过是关于加密经济和 Web3.0 的一些皮毛，并没有诱导各位去进行投资的意思。此外，我也没有想要向大家推荐任何一种代币。

加密货币的投资和交易伴随着很高的风险，如果你想尝试一下，请在听取专业建议之后再参与其中。希望各位都能在自己的判断之下做出最终的投资决定。

第 6 章

面对瞬息万变的未来，
该如何做好准备

超尖端科技将打开日本重生的突破口

既然技术即将带来新时代的重大变革，我们该如何让日本社会朝着更好的方向发展？在最后一章，我总结了一下我们力所能及的事。

在 Web2.0 时代，我们的个人网络与谷歌、脸书等平台绑定，明明是我们的所有物，却无法随心所欲地进行处置。可以说，Web3.0 在日本的渗透意味着日本人将亲手夺回被海外巨头公司所掌握（换一个强硬的说法——剥削）的财产。

以 GAFA 为代表的颠覆性全球性企业早早就为我们敲响了警钟："部分民营企业将执世界之牛耳。"而在"从支配性企业中解放"这个角度上，Web3.0 的渗透可以称为一种去中心化的进步。

那么日本将面临怎样的情形呢？在 Web3.0 元年（即 2022 年）以前，Web3.0、NFT、元宇宙就已经悄悄在部分熟悉科技的人中流行起来了。

每个人都怀着自己的目标和热情，或是成为 DAO 项目的发起人，或是为感兴趣的 DAO 做贡献，或是用 DeFi 理财，或是创作 NFT 艺术品，或是在元宇宙中和全球各地的人交流等。

目前面向加密经济的风投正进行得如火如荼，这也为 Web3.0 生态系统的扩展做出了贡献。

然而，Web3.0 仍然只是部分人的小圈子，这一点没有丝毫变化。尽管其科技能够从根本上颠覆个体工作方式、社区乃至整个国家的治理方式，使人们"更加自由"，但至今也没能进入普及阶段。

如果日本人真心想要发展 Web3.0，那么为了避免其沦为"少数科技迷"和"尖端人才"的专属，我认为有几件事是需要举全国之力共同解决的。Web3.0 的确是一场文化、社会思潮，但为了使它更加普及，需要国家层面的理解和推动。

在 Web3.0 的普及上，美国领先日本一步，政治家们为了把握时代潮流，认真学习了一番相关知识。目前，他们对于 Web3.0 的看法大致可以分为两个派别：激烈反对派和热烈欢迎派。出身民主党的总统拜登虽然也曾对 Web3.0 持有怀疑态度，但还是在 2022 年 3 月发布了行政令，要求采用"整体政府手段"研究数字资产。

和身处宽容环境的 Web1.0、Web2.0 不同，Web3.0 的加密资产中涉及很强的金钱因素，因此欢迎的人会更加欢迎，警惕的人也会更加警惕，双方的能量都会变得更强。具体来说，一边是认为"可能会赚大钱"的赞成能量，另一边是"点进链接就可能被骗走全部身家"的否定能量。或许就是这样两种能量将美国议员的看法一分为二。

我曾在前文中提到，越是法币经济坚如磐石的国家，对加密经济的警惕心也就越强。在稳固的法币经济中拥有权力的中央银行、信用卡公司和大企业对国家有强大的影响力，国家往往会试图保护它们。

这种权力关系是否会在此时发挥作用？一旦国家插手进行强力监管，日本的 Web3.0 事业很可能会中道崩殂。

就目前的形势而言，与美国相比，日本的政治家们还没有进行激烈的反对，但并不是因为有人显示出积极的姿态，似乎只是因为缺乏相关科技素养，对 Web3.0 没有太大兴趣而选择作壁上观。自 2014 年的 Mt.Gox 丑闻⊖和 2018 年的 Coincheck 丑闻⊜以来，不少政治家都对加密经济有一种负面印象。

的确，发生了这样的事，难怪很多人会持有一种保守的态度。

不过，日本也出现了一批突然对 Web3.0 显示出相当热

⊖ Mt.Gox 曾经是全球最大的比特币交易所之一，2014 年该平台遭到黑客攻击，大量比特币被盗。——译者注

⊜ Coincheck 是亚洲最大的加密货币交易所，2018 年遭遇黑客入侵，大量虚拟货币被盗。——译者注

情的政治家，尤其在执政党中，越来越多人的开始积极学习 Web3.0 相关内容。

长年止步不前的经济仍然没有改善的迹象，日本政府大肆宣传的"增长战略"也没有产生明显的效果。在束手无策的情况之下，政治家们似乎想在 Web3.0 中寻找一线生机。2021 年夏天我回到日本后，一直在关注 Web3.0 的相关动向，希望能够为其发展贡献自己的一份力。

再看产业界，Web3.0 造福了许多产业，比如现代日本主要产业之一的内容产业就与 NFT 十分契合。

如果从事这些行业的人能提高他们的科技素养，并采取一些有趣的措施，比如我之前介绍的演唱会"NFT 门票"，Web3.0 进程将在日本取得飞速进展。而且正如部分政治家所期望的，这很可能成为日本经济重生的突破口。

拆除"准入门槛"这堵大型防火墙

如前所述，Web3.0 与内容产业具有很高的契合度，但日本金融界似乎仍在静观其变。一旦更多人领悟到 Web3.0 的益处，恐怕金融界会受到相当大的冲击。

在 Web3.0 中，金融有 DeFi，组织变为 DAO，人们无须就职于任何一家公司也可以工作，没有银行也能存款，不用证券公司就能理财。而且，加密经济具有很高的流动性。如果更多人能注意到这一点，现有的金融机构和商社恐怕就会惨遭淘汰。最近，我感觉这种趋势似乎比以前更明显了。

然而，当事人中似乎很少有人切实感受到了危机以及变化的必要性。

在这个变化剧烈的时代，只有做出正确选择的人才能幸存。面对接二连三的变化，人们要将自己导入正确的方向，做好相应的准备，否则就会将自己置于危险的境地。

日本经常发生这样的情况——人们只是将新技术引入现有事物中，就觉得自己赶上了变化。以建筑为例，这就相当于只改变了建筑外观，结构上却没有任何变动，这样的变化完全是在自欺欺人。

在美国证券公司中，应客户要求将部分资金投入加密经济已是司空见惯。一些投资者已经转变了心态，认为"那些不向加密经济投资的证券公司账户关掉也罢"。证券公司也有一种危机感，认为"如果不向加密经济投资，自己的业绩将受到影响"。我在日美两国的金融界感受到了一种意识上的差距，而且日本在体制上原本就存在很大的问题。

根据日本的法律，金融机构不能成为加密资产交易所的经营者，如果想开拓相关业务，就必须另成立一家公司。而这就意味着，如果客户还想在加密经济中投资，就需要开设两个账户，一个法定货币，一个加密资产，分别进行管理。

只要这样的制度设计存在，日本就很难"将部分资金投入加密经济"。为加密资产开设一个单独的账户，管理起来会非常麻烦，这样一来，准入门槛就相当高了。

在该制度的底层逻辑中，恐怕存在着一种保护投资者的观点。换言之，就是出于对加密经济的警惕而设立了一堵名为"准入门槛"的大型防火墙。防火墙一天不除，日本金融界的 Web3.0 进程就不会有任何进展。

金融机构无法接触加密资产业务，很可能是很多个人投资者至今仍然将加密资产和可疑画上等号的主要原因。但与此同时，的确有越来越多的人开始主动提升相关素养，并对投资加密资产展现了兴趣。

人们对加密经济的关注越来越多，在 DeFi 中存放资金的投资者也在不断增加。回过神来，现有的银行和证券公司都已……我眼前不禁浮现出这样一副不受欢迎的未来画面。

防止数字人才外流

我虽然在美国生活多年，却不认为美国式做法就一定具有很高的经济合理性。此外，如果一切都从经济合理性出发，会习惯性地将一切都换算成金钱，很难再创造出有趣的东西。

然而，我认为凡事强调先例、习惯和场面话的日本传统在很大程度上也缺乏合理性。日本经济一直没有好转，其中很大一部分原因不就是这种传统造成的吗？

日本是发达国家中唯一没有上调工资的国家，一次又一次的经济停滞导致国家的经济实力迅速下降。许多人尤其是年轻一代一定在想："我们工作已经这么努力了，为什么还是没有钱？"

我认为，想要打破这种局面就需要一些巨大的冲击，而 Web3.0 则可能成为那个冲击。

过去也有过一些契机。刚进入 21 世纪时曾出现过一阵"IT 革命"风潮，我曾应政府要求提出很多相关对策。

当时的社会弥漫着一种"如果没赶上 IT 革命，日本就完蛋了"的氛围，但在互联网普及之后，这种论调顷刻之间就失势了。

在那之后发生了东日本大地震，最近的一次灾害则是新冠疫情的全球大流行。然而，日本每次只是对危机本身进行应对和处理，社会、政治、产业结构都没有什么变动。日本毕竟还是保守的。

在这种情形下想要将 Web3.0 作为日本经济重生的突破口，无论如何都要做到的一点就是将人才留住。

国家和企业需要的是能在高层思考数字领域架构的人才，而不是凡事套用模板只做表面功夫的人。为了避免陷入"解决主义"（认为一切问题都有解决方案，重视效率）陷阱，整个团队必须向着一个共同愿景努力，并掌握从结构开始设计的能力。

为此，我也在大学教育方面进行着努力。然而在日本的现状中，有一点令我有些担心。

Web3.0 时代所必需的优秀工程师及前途光明的初创企业，正相继将据点转移到海外。

就在前几天，我打电话向一位富有才华的工程师提供工作机会时，他告诉我："我很乐意帮忙，但我正在考虑尽快搬到新加坡去。"我强烈地意识到日本人才正流向海外。

令人十分懊恼的是，一些转移到海外的区块链初创企业原本有可能在日本成长为独角兽企业（企业估值 10 亿美元以上，且成立不到 10 年的非上市初创企业）。

这种情况出现的主要原因还是在于日本法律。将代币发行、上市后卖给投资者的 Web3.0 式新型筹资对于初创企业来说十分有利，但在日本，这种类型的筹资方式目前是不可能实现的。

根据《日本经济新闻》，如果某公司发行并上市价值 100 亿日元的代币，其中 70% 由公司持有，30% 出售给投资者。那么在税务上，"公司持有的 70%"就等于"70 亿日元的未实现利润"；"30% 出售给投资者"等于"30 亿日元销售额，且经费几乎为零"。这样一来，该公司就会被看作获得了"价值 100 亿日元的总利润"，在 30% 的税率下，公司将不得不支付 30 亿日元的税款。

这意味着从投资者那里筹集的 30 亿日元必须全部作为税款缴纳，如此一来，发行代币也就失去了意义。因此，放弃在日本筹资的优秀人才陆续涌向新加坡和其他在税制方面相对友好的国家……这就是现在正发生的事情。

既然原因已经明确，那么该做的事情也就一清二楚了。

为了给 Web3.0 的优秀人才创造一个自由工作的环境，针对现行法律无法适用于加密经济的问题，我们应当加强相关法制建设，但要向弱化管控的方向发展。具体而言，我们迫切需要大幅降低代币发行和上市时的巨额税款，以便为初创企业创造一个蓬勃发展的空间。

理想情况下，这一法律修正将集结大量优秀的数字人才，并为他们提供在日本大展身手的机会，最终创造出一个源自日本的全球标准。

此外，我与许多外国人共事时产生过这样一个印象——对于许多外国人来说，食物美味、环境干净的日本似乎很有魅力。我在千叶工业大学设立了变革中心后，接到了许多来自海外的优秀工程师的电话，希望我能邀请他们赴日工作。

如此一来，即使做不到免税，只要能把税率保持在相对低的水平上，就有可能将日本的下一个独角兽企业留在日本国内，同时吸引国外有潜力的初创企业。

"下一个迪士尼"席卷日本的那一天

某位动画师创造出了一个"老鼠角色"，并最终缔造了一个无人不知、无人不晓的巨型娱乐企业——华特迪士尼公司（The Walt Disney Company）。

米老鼠一跃成为世界上最著名的老鼠，其创造者华特·迪士尼，作为"娱乐之神"和该公司的创始人，至今仍在世界各地拥有众多追随者。从电影制作到主题公园，迪士尼用各种各样的内容持续为人们编织童话梦境。

如今，有一家公司正以与迪士尼匹敌的惊人势头迅速成长，有人将其称为"下一个迪士尼"，它就是前文提到过的无聊猿。

无聊猿最初只是一个售卖 NFT PFP 的公司。自发行、上市代币以来，无聊猿开始爆炸性地扩张公司业务，从路线图来看，其业务涉及游戏、活动、元宇宙、虚拟土地等领域。2021 年的销售额中，仅二级市场销售额就达到了 100 亿美元（约人民币 710 亿元）。而这是在短短一年内实现的增长。

或许有些见过无聊猿 PFP 的人会觉得，"原来现在流行这样的，也没什么特别的"，但事态已经远远超出了个人喜好的范围。

当今世界上最受关注的问题是"谁能成为 Web3.0 时代的霸主"。我认为，今后将会是"微软、Meta、推特、索尼和无聊猿"的战争。

这一以"猴子 PFP"起家的 Web3.0 宠儿，以极高水准的技术与雄厚的资金横扫了众多大企业，我想，距离其席卷日本的那一天似乎也不远了。在我脑海中，这一未来已经趋近于现实。

为什么颠覆性创新企业没有在日本诞生

无聊猿之所以有如此大的发展，有两个主要原因：一是它把原本就具有高流动性、国际化的加密经济作为市场；二是它不仅发行 NFT，还创建了一个名为无聊猿的社区，并通过向该社区投入代币来进行筹资。

无论 NFT 市场如何蓬勃发展，仅仅销售 NFT 艺术品，社区的发展是有限的。将 NFT 艺术品与发行和上市代币相结合这种灵活的想法才更符合 Web3.0，这也是无聊猿发展成一个非凡项目的最主要原因。

那么，在见识过以上令人惊异的案例后，再回过头来看日本，不知各位做何感想。

一方面，以"猴子 PFP"发家的公司以奇思妙想夺取了天下；另一方面，专注于国内市场的日本 IT 巨头以"赶时髦"的态度开启了 NFT 业务。

能在这个 IT 巨头的交易平台及钱包上进行交易的，居然只有本公司服务的用户（会员），目标受众未免太过狭窄了，它只把 NFT 看作一种数字周边。双方差距之大令人愕然。

可以说，只有各组成要素相互关联、相互作用，代币经济作为 Web3.0 的生态系统才能真正发挥作用。单独拿出 NFT 这一个要素，将其作为数字周边发售，也只算是在营造一种"Web3.0 氛围"，和真正的 Web3.0 完全不同。

不让浪潮转瞬即逝

当然，日本有自己的独特情况。

如前所述，代币的发行和上市会被课以重税。这并不是日本 IT 公司的错，但即使一开始没有这些税制问题，对于现有的日本 IT 企业来说，要让代币经济发挥作用也是相当大的挑战。

事实上，即使在海外，也只有初创公司在发行和上市货币型代币和证券型代币（治理代币），制作 NFT 游戏，并使其作为代币经济发挥作用。

但如果日本企业连在全球范围内开展 NFT 业务的想法都没有，那才当真可惜。

其实，现在运营 NFT 交易平台的大型 IT 企业，在技术上和财力上有能力将日本的内容推向全球，进军国际市场。

试图面向现有的用户开展业务是一个常见的创新困境。拉拢可靠的现有客户的同时还要进军海外的想法似乎不会出现。我们必须以更广泛的视角看待 NFT，努力克服这一困境。

我希望日本的大型 IT 企业也能进入真正的 Web3.0 世界。我回国后，也将作为 Digital Garage 的首席架构师（技术人员）与大家一起努力，逐步将公司打造成与 Web3.0 相适应的状态。

日本也许在文化上善于模仿表面，但并不善于改变整体结构。

在时尚和饮食文化方面，我们似乎毫无节制地吸收了海外的事物，再将其以日式风格重新排列得恰到好处。从表面上看，我们似乎表现出了一种令人惊叹的多样性，但内里的精神其实有一种不会轻易动摇的稳固性。

我认为，能将一切都消化为"自家流派"是日本的优势之一。"无论外界如何，我自岿然不动"，在某种程度上，这意味着日本有一个坚定的内核。

然而就像现在这样，当新技术即将带来重大范式转移时，可能会对日本造成一定危害。

"日本就是日本，我们只要用'自家流派'做事就好"，这样的想法未免太过乐观，因为就连范式转移最终都可能被内化为我们的"自家流派"。如此一来，我们很可能会跟不上最新形成的全球标准，最终被世界抛于身后。

此外，前文还提到，内容产业和 NFT 具有很高的契合度，在这一点上，日本也正在发生一些十分令人遗憾的事。

放着已经打开的国际市场不管，只面向国内用户出售内容，这种做法有很大的弊端。明明大部分内容在全球范围内都拥有粉丝，作为内容持有者的公司却往往不愿同世界打交道。

原因可能出自对外国平台的厌恶。在那里，知识产权将不受控制，一旦出现问题，责任归属难以明确。此外，还可能出自对所谓"自身蚕食"（cannibalization）的恐惧。所谓"自身蚕食"，即与同一集团内部其他部门相互竞争，抢占销售份额的行为。

但我认为，如果我们始终不去关注世界，就难以了解世界的动向，最终可能会被世界彻底遗忘，从而走向衰落。

NFT 市场仍然处于发展的黎明期，如果我们日本能抛弃迄今为止存在的"排斥外国"的态度，积极向其他国家学习，并对必要的法律进行修订，或许迎接我们的未来便不会那么悲惨。

因此，我们首先要具备全球思维。纵观 Web3.0 领域的流行趋势，可以发现其中有很多以日本为主题的项目。从中可以看出，日本品牌的全球定位正在逐渐变得高级。

也有人认为，日本在文化方面输给了韩国的娱乐产业，但事实并非如此。

如果现有的日本企业能牢牢把握世界的动向，提高科技素养的同时瞄准国际市场，我相信它们还会有很大的发展空间。

从本土到数字，从数字到国际

我目前是日本数字厅"数字社会构想会议"团队的成员，我们主要围绕如何用数字重组日本社会这一问题制订计划，进行讨论。

数字厅成立之初，人们对其能力和执行力议论纷纷。但实际上，当中聚集了众多优秀人才，既有政府官员，也有民间人士，是一支能力卓越的队伍（我自己也是其中一员，因此不可避免地会有所偏袒）。

尽管如此，一个刚刚成立的团队想要运营足足 1000 多个项目并非易事，而且，从社会的内部结构而非表面进行变革，是需要一定时间的。

短期来看，新冠疫苗接种证明等服务已经取得了一些成果。各位之中想必已经有不少人使用过日本政府官方的"新冠疫苗接种证明"应用，并且讶异于它那异常流畅的操作流程。通过将政府和民间的能力结合起来，一个优良的系统就诞生了。

首先，我们在一些国民关注度较高的热点领域努力做出一些成果，这时的 KPI 算在整个团队头上，以后出成果就会变得更容易。

从中长期来看，我们必须重视的是受众的意见，而不是我们这些传播主体的。换言之，重要的是从服务设计（基于体验价值，站在顾客视角对服务进行调整，或者创造新服务）的角度出发，秉持"No one left behind"（一个都不落下）的理念，认真采纳国民意见。如此，未来就会出现更为全面的改革。

在这一过程中，我们也将面临许多困难。成员们背负着"不负众望"的压力，有些人还要应对巨大的工作量，

有时还要面对法律中不甚合理的部分。即便如此，随着
Web3.0 时代的到来，为了让日本成为真正的数字社会，我
们仍会继续为此努力。

从长远来看，日本社会变革的目标并不是单纯地将本
土事物数字化。

日本在技术实力方面享有盛誉，但并不擅长将此作为
与其他国家竞争的武器。很少有日本公司能引领全球标准
就证明了这一点。

二战后，日本面临如果不向海外销售产品就无法存
活的境况。在这种情况下，本田和索尼等世界级企业诞
生了。

经济高速增长期过去后，日本国内市场也变得十分有
利可图，日本企业就逐渐退出了世界竞争。为了顺应这一
趋势，银行和证券公司也为国内市场优化了业务。

尽管如此，时隔 14 年，当我再次回到日本时，我感到

日本企业的国际化程度比从前有了很大的进步，英语达到母语水平的国际人才数量也逐渐增多。但真正的硬仗还在后面。

在这个意义上，我认为日本今后应当进行的变革不仅是将国内产品数字化，还要通过数字化将其转化为国际化的存在，这是一个很大的目标。我相信，以国际化为目标才是开辟日本重生之路的唯一关键。

日本社会的结构需要被改造成适合新科技发展的形式，现在正是为此做出贡献的关键时刻。考虑到这一点，我时隔 14 年后将据点迁回了日本。

我希望日本能成为我自己、我珍视的人以及孩子都能舒适生活的国度。从我的专长——科技的角度来看，我希望能在这方面尽一份力，所以一直在与各个学术领域的人进行讨论，并试着把一些 Web3.0 科技实际应用到社会上。

迄今为止，日本经历了几次重大的社会变革，其中规模最大的就是明治维新和二战战败。明治维新是由来自美国的外部压力引发的，它从根本上颠覆了社会形态。战败则让日本从一片废墟中重新启程。

日本似乎很擅长在社会遭到不可抗力的破坏后，再将其重建起来，但很少在中途就注意到问题并做出改变。

可能有人会从我所说的"变革"二字中品出一种颠覆之感，但这并不是我的本意。我的目标是改变（transform），而不是破坏后重建（scrap and build）。我希望在不破坏原有形式的情况下循序渐进地改变。

无论出现多少技术变化，只要目标没变，社会、组织和个人就不会改变。那么，我们该在什么时候保持原有做法不变呢？对此，或许有很多人心存疑惑，对年轻人来说更是如此。

如果想通过设立一个不同于以往的目标来改变社会，要怎么做才好？

目标生于愿景，愿景来自范式。

复式记账法诞生于中世纪的意大利，随后就产生了以经济为中心的现代资本主义社会结构。这时，一个"钱多者胜"的范式出现了。

现代社会也处于该范式之中。

经济增长使更多的人能够参与社会活动，为其生活带来了便利和富裕。然而，在资本主义社会中，金钱和权力会集中在资本家手中，社会也会变得更中心化。结果，贫富差距产生了，环境破坏也愈演愈烈。只要经济增长还是目标，这些事就会不可避免地发生。

如果我们就这样继续前进，等待我们的必将是一个颠覆性的未来。简言之，现有的范式即将迎来终结。

进入 21 世纪，世界上出现了一种名为"区块链"的新技术。在其提出了去中心化思想之后，比特币出现，紧随其后的是"以社区为基础"的以太坊，随后又发展到了Web3.0 这一新阶段。

正如本书所述，Web3.0 最大的特征是分散化 / 去中心化。以去中心化技术为契机，我们的社会正朝着去中心化的范式转变。

我们要不惜一切代价避免"旧范式与新范式"冲突的产生和激化。一定的淘汰是不可避免的，但如果旧范式一方出现了超出社会承受限度的重大牺牲或反抗，就意味着出现了先破坏再重建的颠覆性社会变革。

为了避免这种情况出现，我们需要提高整个社会的科技素养，并让所有人都了解到，这种科技究竟能带来什么？这一点是至关重要的，本书就是为此而写的。

在 Web3.0 中，去中心化发生在社会的所有层级。在这里，将财富和权力集中于一处的愿景将逐渐成为历史。

即使国家这一最中心化的结构不会消失，在社会各处，每个个体也能根据自己的价值观、品位和生活方式参与社会。在这种 Web3.0 式愿景下，我们又该设立怎样的目标来对社会进行重新构建呢？

这取决于我们每一个人。我希望每一个读者都能思考这个问题，并且参与进来。

最后，我想借此机会感谢每一个在撰写本书过程中为我提供帮助的人。

感谢数字厅、金融厅、总务省等部门的年轻官员们，为了推进日本 Web3.0 进程夙兴夜寐、勤勉工作。感谢千叶工业大学的各位朋友，为培育下一代架构师而设立了变革中心。今后也请各位继续支持我。

Digital Garage 联合创始人兼集团 CEO 林郁，从 Web1.0 时代开始就是我的商业伙伴，在 Web3.0 的变革时期仍然同我并肩战斗。宇佐美克明，同样在 Digital Garage 中为设立数字化架构实验室做出了诸多贡献。DG Lab Haus 的北元均、一直为我提供诸多帮助的秘书田中美歌，我想对各位表示诚挚的感谢。

担任本书编辑的 SB Creative 的小仓碧、自由撰稿人福岛结实子、Web3.0 研究员 comugi 为本书的图表制作等提供了帮助，我的老朋友，NHK 的仓又俊夫也给我提出了很多宝贵意见，谢谢你们。

我还要感谢正在 BS 东京电视台播出的《 Earthshot 改

变世界的科技》这一节目的工作人员，我的播客《JOI ITO 通往变革之路》的制作人员——品田美帆及其他工作人员、各位听众，以及由该播客诞生的 Discord 社区"Henkaku"的成员们。

最后，我还要感谢我的妻子瑞佳和女儿辉生，你们陪我一起做出了将据点由美国迁回日本的重大决定。感谢你们做的一切。

伊藤穰一

2022 年 5 月